南京工业大学 2021 年党建与思想政治教育研究课题，课题编号：SZ20210214

新时期学生教育与管理工作研究

徐玉婷　著

北京工业大学出版社

图书在版编目（CIP）数据

新时期学生教育与管理工作研究 / 徐玉婷著 . — 北京 ：北京工业大学出版社，2021.9（2022.10 重印）

ISBN 978-7-5639-8090-1

Ⅰ . ①新… Ⅱ . ①徐… Ⅲ . ①高等学校－学生工作－教育管理－研究 Ⅳ . ① G645.5

中国版本图书馆 CIP 数据核字（2021）第 197590 号

新时期学生教育与管理工作研究

XINSHIQI XUESHENG JIAOYU YU GUANLI GONGZUO YANJIU

著　　者：徐玉婷

责任编辑：张　娇

封面设计：知更壹点

出版发行：北京工业大学出版社

　　　　　（北京市朝阳区平乐园 100 号　邮编：100124）

　　　　　010-67391722（传真）　bgdcbs@sina.com

经销单位：全国各地新华书店

承印单位：三河市元兴印务有限公司

开　　本：710 毫米 ×1000 毫米　1/16

印　　张：11.75

字　　数：235 千字

版　　次：2021 年 9 月第 1 版

印　　次：2022 年 10 月第 2 次印刷

标准书号：ISBN 978-7-5639-8090-1

定　　价：60.00 元

作者简介 | 　　徐玉婷，女，1989 年 7 月出生，现在担任南京工业大学的助理研究员。毕业于英国利兹大学，硕士研究生学历。主要研究方向：大学生思想政治教育、学生管理。曾讲授形势与政策等课程，近年来参与省级课题 2 项，主持校级重点课题多项，参编《大学新生导航》《梦想与选择》等多部教材，以第一作者身份在国内期刊上发表论文近 10 篇。

前　言

少年强则国家强，青年兴则国家兴。在社会发展过程中，创新型人才是必不可少的资源，青少年更是国家的希望。随着我国高等教育事业改革的持续深化和人才强国战略的大力实施，我国高校在人才培养方面取得了巨大成就。但是，在新时期高校学生教育与管理工作中，依然存在教育管理组织机构不完善、高校学生理论联系实际能力有待提高等诸多问题。基于此，本书对新时期学生教育与管理工作展开了系统性的研究。

全书共七章。第一章为绪论，主要阐述了高校学生的基本特点、高校学生管理的对象与任务、高校学生工作的特点与创新等内容；第二章为高校学生教育与管理现状，主要阐述了高校学生教育现状和高校学生管理现状等内容；第三章为新时期高校学生思想政治教育，主要阐述了学生思想政治教育的内容、学生思想政治教育的原则、学生思想政治教育的方法、学生思想政治教育的途径等内容；第四章为新时期高校学生心理健康教育，主要阐述了学生心理健康教育的内容、学生心理健康教育的原则、学生心理健康教育的方法、学生心理健康教育的途径等内容；第五章为新时期高校学生创新创业教育，主要阐述了学生创新创业教育的内容、学生创新创业教育的原则、学生创新创业教育的方法、学生创新创业教育的途径等内容；第六章为新时期高校学生管理机构与队伍建设，主要阐述了高校学生管理机构的设置和高校学生管理工作队伍的建设等内容；第七章为新时期高校学生管理工作的创新，主要阐述了高校学生管理工作理念的创新、高校学生管理工作模式的创新、高校毕业生就业指导工作的创新等内容。

限于笔者水平，加之时间仓促，本书难免存在一些不足，恳请同行专家和读者朋友批评指正！

徐玉婷

2021 年 5 月

目　录

第一章 绪论

新时期学生教育与管理工作的基本任务,不仅包括研究高校学生的基本特点,领悟和把握学生管理的对象与任务,还要掌握学生工作的特点,创新高校学生工作,以更好地运用于学生管理工作的实践之中,有力地推动高校学生管理工作。本章分为高校学生的基本特点、高校学生管理的对象与任务、高校学生工作的特点与创新3个部分。主要内容包括高校学生多变性、独立性、个体差异性和适应性的基本特点,高校学生管理的内涵及重要性、特点、对象、内容及高校学生管理的任务,高校学生工作的内涵、特点及创新等。

第一节 高校学生的基本特点

一、多变性

"00后"大学生从狭义的角度来说,是指出生于2000年之后的青年群体,目前尚在大学中学习的人群。从广义上讲,"00后"大学生是我国新一代年轻人,具有青春气息,受我国传统文化、外来文化和思想的影响较为显著,具有个性独立、思想更加开放、追求务实等特点,是我国未来社会的主要劳动群体和社会主义的建设者。同"90后"等标签一样,"00后"大学生成为当代大学生的标签,以符号标签定义我国最新一代的大学生。

从大学生的年龄上看,大学生此时正处于心智飞速发展的时期,接受新鲜事物最快也最容易。这段时期同时也是其世界观、人生观和价值观的塑形期和关键期。"00后"大学生的生存环境相较于其他时代的大学生已经有了明显的变化。"00后"大学生处于快速变革的时代,经济全球化持续深入,网络越来越便捷,接触的空间和时间明显增多。外部环境的复杂和精彩,尤其是微博、抖音等网络平台的快速发展,导致的信息碎片化会使大学生缺乏对信息的深度思考和分析。

在网络短视频平台的影响下，很多大学生的思维缺乏深度，缺少深层次认识和分析问题的能力，大学生的独立思考能力、辨别信息能力不断被削弱，这就进一步加深了大学生的情绪化，影响了大学生的判别力，大学生很容易陷入生命的困境，实现生命教育的难度不断增大。正是由于外部世界的多变性使得大学生更容易受到科技变化、市场经济以及社会文化变革等因素的冲击，更容易受到网络文化和西方文化的影响，更容易引起大学生性格特征的巨变，更容易在不断认识生命意义的过程中陷入迷茫与困惑。

二、独立性

大学生的独立性包括生活上、思想上、心理上和学业上的独立等。"00后"大学生享受着网络发展的红利，可以通过网络直播等形式兼职或创业，受物质条件制约较少，经济更加独立。"00后"大学生的独立性表现在思想更加缜密。思想的缜密源于见识和信息量的增多，"00后"大学生信息量和阅读量远高于前代人同龄的时候，多角度看问题的方式影响突出，注重思想的个性。心理的独立不是孤立，而在于内心情感的表达是否完整、自信的品格是否树立。"00后"大学生的独立表现在心理更加自信，更注重个体的情感表达和价值体现。学业的独立在于大学自由支配的时间增多，在没有外力的监督下仍然坚持自律的学习和成长。"00后"大学生对于学业有清晰的判断和认知，更突出问题的导向机制，善于从学习中发现问题和独立解决问题。"00后"大学生更强的独立性体现在大学生活和学习的方方面面。

三、矛盾性

大学生虽然有非常强烈的爱国热情，但是缺乏坚定的信念。他们都立志报效祖国，愿意为祖国的富强、民族的振兴奉献自己的青春。但是，由于大学生自身的年龄和阅历因素，部分学生对国家的大政方针认识不够深入，对政治原则缺乏深刻的认知，对当前社会上存在的一些不良社会思潮的危害性认识不足，对我国当今的国情不能深入地把握，容易感情用事、意气用事，不能很好地控制自己的行为，从而走向良好愿望的反面。

四、多元性

当下大学生的理想信念和道德观念呈现出多元化的趋势。经济全球化使得各民族、各国家、各地区之间的联系越来越紧密，世界各国、各民族、各地区的紧密交流大大促进了生产力的发展和人类社会的进步。同时，在文化、意识形态等广泛的社会生活领域也给我国带来了很深的影响。高校大学生的思想意识、价值观念向多元化转变。当今社会既有代表人类先进的文明成果和社会前进的超前思潮，也有一些陈腐落后甚至是错误的思想，这会严重地影响世界观、人生观、价值观尚处在形成阶段的高校学生，导致部分高校学生思想信念和道德观念迷茫。

五、复杂性

大学生思想积极活跃、个性张扬，有强烈的表现欲望。一方面，他们希望得到大家的认同，喜欢表现自己，但是部分缺乏沟通能力和承受力，心理素质比较差，一遇到挫折和打击，就灰心丧气，甚至一蹶不振，对自己丧失信心，常采取逃避方式，面临内心所想与自身行为严重背离的状况；另一方面，大多数高校学生或多或少有些自卑，羡慕考入比自己本科院校好的同学，但对自己失利的原因却归因不当，他们把自己的失利归因于外部环境，而不是自身努力的不足。此外，一些学生本身就存在自控力弱、学习力差、自信心不足等情况，在互联网中，各种网游、虚拟社区等游戏让部分高校学生沉溺其中、不能自拔，在虚拟世界寻求存在感、自信心、满足感。严重者甚至通宵达旦，导致身体素质下降。

六、个体差异性

不同层次学校同龄的大学生群体在知识积累程度、文化素养的培育、社会责任感、自我认知能力等方面均存在较大的差异。每个人作为一个独立的个体，都具有自己的显著特征，每个人都具有独立思考的能力，在高校开展生命教育的整个过程中，要随时关注大学生群体的动态，要关注每个大学生的个性，要关注大学生群体的特殊性，既要重视作为群体的共性教育，还要因材施教地重视个性教育。

七、适应性

"00后"大学生是心思细腻、知识更全面化和立体化、勇于创新的新生代群体，他们接受新鲜事物的能力更强。"00后"大学生的适应性不仅表现在接受新事物的能力中，而且体现在对社会认同的追求上。"00后"大学生对荣誉和外界认同的意识更强，更渴望被认可，在发现自身问题后能及时改正自身错误。

第二节　高校学生管理的对象与任务

一、高校学生管理的对象与内容

（一）高校学生管理的对象

所谓管理对象是指"管理活动的承受者"。随着人类认识的深化和管理的科学化、复杂化，不同时期、不同学派有不同的内容和见解：一是指管理活动所作用的各种具体对象。最初是人、财、物三要素，后增加了时间、空间，成为五要素，又增加了信息、事件，成为七要素。二是指管理活动所作用的特定系统，即把管理对象作为由多种因素组成的有机整体。

高校学生管理作为高等学校管理工作的重要组成部分，其相对应的工作对象无疑是指高校学生，从广义角度来看，这些学生应包括所有在高校求学的学生，即专科生、本科生、硕士生、博士生等。因为这些学生都是高校学生管理活动的承受者。高校学生管理牵涉到诸多知识体系，包括管理学、教育学、青年心理学、政治学、人才学等。因此，高校学生管理是一门综合性、政策性很强的应用科学。它具有自己独特的研究对象，这个对象就是学生管理活动本质的、内在的联系及其发展变化的规律。

高校学生管理作为学校管理的一个重要方面，同其他管理工作一样，都是以教育领域某一方面的特殊现象和规律为研究对象的，它必然要受到教育领域总规律的支配与制约。因此，它又不同于管理工作的其他分类工作，具有相对的独立性。人们不仅需要认识到高校学生管理工作与其他管理工作的密切联系，还需要认识到它与其他管理工作的不同特点，才能真正揭示高校学生管理本身所具有的特殊规律，使之成为一项具有特性并富有成效的管理工作。

作为一项管理工作，一般而言，总要有相应的学科知识成为其所依循的工作方针，而一门学科的成立必须具备一个必不可少的条件，即它必须具有一套系统的范畴体系。范畴体系既体现了研究的角度，也展示了研究的内容，同时又表明了其相互间的关系。因此，准确而恰当地表述高校学生管理学的研究内容，最好的办法是确立这门科学的框架和范畴体系。高校学生管理工作研究的内容应涵盖以下 5 个方面。

第一，学科理论的研究。其包括高校学生管理科学的性质、理论基础、研究对象和领域、主要研究任务、学科的地位和作用，高校学生管理的指导思想和原则，如何对历史的经验进行抽象和概括以纳入理论体系之中，如何移植、融合相关学科的理论，不断丰富、完善和发展高等学校学生管理科学等。

第二，方法论的研究。研究高校学生管理科学的方法论，一方面要研究根本的思想方法；另一方面还要研究具体的管理方法，如思想政治教育管理、大学生社区管理、教学与学籍管理、校园文化管理（含网络管理）、奖惩制度管理、社会实践管理、社团管理、心理健康与咨询管理、就业管理、学生党员管理与党建管理、学生干部队伍管理、学生群体性突发事件的应急管理等方面的管理方法与手段。

第三，组织学的研究。高校学生管理是一项系统工程，必须形成有效的网络系统，发挥最大的组织功效，如高校学生管理的组织领导体制、学生管理队伍的建设、学生管理的现代化趋势等，都必须做更为深入、全面的探讨。

第四，学生管理制度与国家法律法规、中央相关政策、教育规律、教育法规、政治文明建设进程的相互关系以及相关政策法规和知识系统的研究。

第五，学生成长规律、心理生理特点与管理工作的有机联系研究，青年群体之间相互作用关系与高校学生管理工作的互动共生研究。

（二）高校学生管理的内容

1. 德育管理

高校在开展学生管理工作时，德育管理是一项十分重要的内容。所谓高校学生的德育管理，就是高校根据大学生的身心发展特点和品德形成规律，有目的、有计划、有组织地对大学生在心理上施加系统的影响，把一定的思想和道德转化为大学生个体的思想品德的过程。也就是说，高校在开展学生管理工作时，要注意与德育相结合。

2. 学习管理

高校学生的学习管理，就是高校按照一定的专业教育标准，有目的、有计划地对大学生进行专业教育，使其最终成长为具有丰富、系统的专业知识与技能的合格人才。具体来说，高校学生的学习管理需要包括以下几方面的内容：大学生学习知识的管理；大学生技能培养的管理；大学生智力开发的管理。

3. 学籍管理

高校学生的学籍管理，是指高校对取得学习资格的学生，从入学注册，成绩考核与记载，升、留（降）级，转系（专业）与转学，休学、复学、退学，奖励与处分，在毕业与毕业资格审查等方面，按照党的教育方针、教育自身规律以及大学生身心发展特点，制定出规章制度，进而实施的管理。

4. 生活管理

在高校学生管理工作中，大学生生活方面的管理是一项十分重要的内容。其不仅会影响到大学生的身心能否得到健康发展，而且会影响大学生能否建立正常的学习、生活和工作秩序，还会影响到高校的人才培养目标能否实现。因此，高校必须要对大学生的生活管理予以足够的重视。高校学生的生活管理，从内容方面来说应包括大学生在校期间的一切生活活动的管理，如饮食管理、起居管理、着装管理、健康管理等。

5. 行为管理

这是高校学生管理的一项重要内容，高校要对大学生的日常行为进行指导、监督、检查及纠正，以引导大学生形成良好的行为习惯。这里需要特别指出的一点是，在对高校学生的行为进行管理时，要特别注重引导大学生形成健康的道德观念，这对于保证其身心的健康发展具有重要的作用。

6. 体育管理

大学生要想成才，为我国的社会主义现代化建设做出贡献，首先要拥有健康的体魄。因此，在高校学生管理工作中，大学生的体育管理也是一项不可忽视的内容。高校组织、指导大学生按照一定的体育锻炼标准，有目的、有计划、有组织地对大学生进行体育教育和锻炼，从而造就大学生健康的体魄，以应对在校紧张的学习和日后工作的需要。高校学生的体育管理必须与大学生的身心特点相符合，必须与教育规律相符合，与学校体育管理原则相符合。

7. 课外活动管理

高校学生的课外活动管理涉及两个方面：一方面是高校学生在校内的课外活动管理；另一方面是高校学生在校外的活动管理。在具体开展这一管理活动时，要特别注意以下几方面：①要确保课外活动有正确的方向，以便真正丰富大学生的精神生活，陶冶大学生的情操；②要确保课外活动能够提高大学生的思想政治觉悟，为大学生形成正确的世界观和道德品质奠定基础；③要确保课外活动能够使大学生提升人际交往能力，以有效培养大学生适应社会的能力；④要确保课外活动能够有效培养和发展大学生的兴趣、爱好，发挥大学生的特长。

8. 卫生管理

高校学生的卫生管理也是高校学生管理的一项重要内容，具体涉及以下几个方面：作息制度卫生管理、教学卫生管理、课外活动卫生管理、体育锻炼卫生管理、校园环境卫生管理、教学设备卫生管理、膳食卫生管理、供水卫生管理、住宿卫生管理、心理卫生管理。

二、高校学生管理的内涵及重要性

（一）高校学生管理的内涵

高校学生管理是高等教育学和管理学交叉结合产生的一门综合性应用学科，目的是有效地实现大学生的培养目标。具体来看，高校学生管理就是"高等学校领导和管理人员，为了实现高等学校学生的培养目标，按照国家的教育方针和各项政策法令，科学地、有计划地组织、指挥、协调学校内部的各种因素，即人、财、物、时间、信息等，并对其进行预测、计划、实施、反馈、监督等的一门管理科学"。

（二）高校学生管理的重要性

高校在开展管理活动的过程中，积极开展学生管理有着十分重要的意义，具体表现在以下几个方面。

1. 增强大学生的能力

高校是对人才进行培养的一个重要场所，这就决定了高校的各项工作都必须围绕着人才培养来展开。因此，在开展高校学生管理工作时，要确保其具有培养、增强大学生能力的积极作用。比如，在开展高校学生管理工作时，可以通过引导大学生参与社会实践活动来促进其社会实践和社会活动能力的提升。

2. 推动高等教育改革的深入

自改革开放以来，我国高等教育事业获得了巨大发展，培养出无数优秀的人才。高校在自身的发展过程中，必须立足我国社会主义建设的发展现实，积极对高等教育的思想、内容、方法以及学生管理工作等进行改革。事实上，有效的高校学生管理及其改革，能够在很大程度上促进高等教育改革的深化。

3. 促进合格人才的培养

高校是人才培养的基地，由于高校学生管理是高校管理的一个重要方面，因而其必须要为培养合格的社会主义现代化建设人才服务。具体来看，高校学生管理与一般的管理相比，是一种明显带有教育性质的服务，即高校开展学生管理，不仅要促进自身的发展，还要尽可能达到教育的目的，将大学生培养成为合格的社会主义现代化建设人才。

总之，高校学生管理是一种"管理育人"的管理，需要与高校的教学工作、思想政治工作和心理健康教育等一系列工作有机结合起来，以管理促进教育、以教育推动管理，从而真正促进大学生的成长与成才。

4. 维护国家的安定与团结

我国的社会主义现代化建设事业要想顺利开展，一个重要的前提是具有安定团结的政治局面。因此，我国在当前很有必要采取有效的措施来维护国家的安定与团结。

由于高校学生是一个特殊的社会群体，他们既有青年的特质，如朝气蓬勃、充满激情、追求真理、关心时事；也有着青年固有的不足，如容易冲动、互动性强、易走极端、时有盲从、阅历较浅、情绪不稳定等；他们是法律上的成人，但在心理上却是"准成人"；他们与其他同龄人相比，掌握着更多的知识，但较之真正的知识分子，其所掌握的知识又存在结构上的缺陷和知识量上的不足；他们的参与意识、自我意识急剧增长，思想上的可塑性也大大提高，但其很容易出现偏激的情绪，也很容易与他人发生矛盾和冲突，还很容易被不良思想所影响。因此，高校必须严格管理学生，制定并实施一定的政策、法规和行为规范，对学生的行为进行一定的约束，为他们的教育和成长创造一个良好的环境，引导学生形成稳定的情绪，从而保持学校的稳定，维护稳定的社会局面。

三、高校学生管理的任务

高校学生管理工作的基本任务是研究高校学生管理工作与活动的知识系统理论，并且这种研究必须着眼于寻求学生管理工作本身所蕴含的特殊矛盾，领悟和把握学生管理工作的运行规律，以更好地运用于学生管理工作的实践之中，有力地推动高校学生管理工作。高校学生管理工作的主要任务有以下 5 个方面。

第一，坚持马克思主义关于人的全面发展理论和党关于全面建设小康社会时期的教育方针，贯彻党的基本路线，以马克思主义、毛泽东思想、邓小平理论、"三个代表"重要思想、科学发展观及习近平新时代中国特色社会主义思想为指导，以马克思主义哲学原理为方法论，认真贯彻落实《普通高等学校学生管理规定》，遵循党的教育方针和学校的培养目标，为培养全面发展的高素质人才服务。

第二，系统总结我国高校学生管理工作的经验和教训。学生管理是一种既古老又年轻的学科，它伴随学校的产生而产生，有着悠久的历史传统和崭新的时代内容。

第三，批判地继承历史上的高校学生管理工作遗产，借鉴国外学生管理工作的经验，吸纳教育学、社会学、政治学、青年心理学、系统管理学、文化学等相关学科的知识理论，构建具有中国特色的、符合时代精神的高校学生管理模式。我国是一个历史悠久的文明古国，先辈们在学生教育和管理中积累了丰富的经验，这是宝贵的历史文化遗产，对其应当批判地继承，做到古为今用。同时，还应大胆借鉴国外高校的学生管理工作经验，去粗取精、去伪存真、融会提炼、博采众长，做到洋为中用。这样才能构建具有中国特色的高校学生管理理论体系，并以此来指导实践，形成高效的、有益于大学生身心健康成长和成才的学生管理模式。

第四，加强科学研究，注重实践探索，不断发展高校学生管理工作的理论体系，推动高校学生管理工作模式的健康运行。我国高校在学生管理工作上还面临着许多亟待解决的问题，无论是从理论要求上，还是从实践需求上，都需要科学化、理论化、法制化、人性化等诸方面的规范。因此，在高校从事学生管理的工作者，必须加强学生管理工作的科学研究，大胆探索，不断创新，切实把握新时期学生管理面临的新问题、新内容和新特点，努力用新方法、新思路和新手段去适应学生管理的新规律和新形势，使学生管理的理论与方式与时俱进，不断丰富和完善。

第五，以理论创新推动实践创新，促进学生管理工作的科学化、法制化和人本化。如何体现其管理制度的科学化、法制化和人本化，这是一个理论研究的问题，不仅需要研究法律与青年学的相关理论，还需要研究管理学方面的理论，同时更应注重将管理学、法律学、青年学有机结合起来，形成理论上的创新，推动实践创新。因为，对大学生的管理不是一般的管理，而是一种对青年的管理，这种管理是要将这些有着一定知识的青年培养成德、智、体、美全面发展的人才的管理，换言之，这种管理的最高宗旨是促进学生的全面发展，使其成为国家的建设者和接班人。这就使学生管理工作牵涉到一系列的理论研究与实践探索，这就是现实交给学生管理工作者的光荣而艰巨的任务。

第三节　高校学生工作的特点与创新

一、高校学生工作的内涵

国内学者对于学生工作有各自独到的见解，因而产生了各种不同的定义。有学者认为学生工作是指学生的思想政治教育工作，也就是学生的德育工作，但是在不同的历史阶段，学生工作的具体内容又有区别。也有学者认为，学生工作是指学生思想政治教育工作，也指学校德育工作。这些定义都是从狭义的方面来定义学生工作，尤其是把学生工作与德育等同起来，大大缩小了学生工作所包括的内容。

在国外，高校中与学生有关的工作通常被称为"学生事务"，与学术事务相对应。学生事务是指对学生有组织的服务工作，通常包括综合素质方面的教育、学生活动、住宿服务、学生心理问题等。学生事务管理则是与学生事务有关的这一职业领域的总称，基本对应于我国高校的学生工作。

高校学生工作从广义上分析是指高校贯彻党的方针，为广大学生健康成长、全面成才服务的所有的直接和间接的工作和活动总和。高校学生工作从狭义上分析是指与教学科研工作、总务后勤工作并列，为满足广大学生在科学文化、知识学习之外的政治素养、道德品质、身心健康、素质能力、创新创业等方面的需要而开展教育、管理、服务工作或开展相关活动的总和。

我国高校学生工作一直在动态中不断发展与进步，不同时期的时代要素也决定着高校学生工作带着显著的时代烙印。在对我国国内学生工作的历史研究中，有的学者认为，真正意义上的学生工作是从新中国成立开始的，新中国成立后随着我国教育事业的蓬勃发展，可将学生工作分为 3 个阶段。第一阶段是从新中国成立初到 1977 年，政治教育或思想政治成为学生工作的主要内容，是政治教育的主导阶段。第二阶段是从 1978 年到 1993 年，我国高等教育进入新的发展阶段，高校学生工作的内涵与外延不断扩大，出现了教育与管理并存的局面。第三阶段是从 1994 年开始，特别是近 10 年来，在社会建设发展和高等教育改革不断深化的影响下，我国高校学生工作的理念、模式、内容、方法等均发生了巨大的变化，逐步由封闭走向开放，教育、管理和服务成为学生工作的主要内容，并成为高校育人工作中的主要组成部分，在高校育人工作中发挥了极为重要的作用。

二、高校学生工作的特点

（一）政治性

管理是一种有目标的活动，管理工作必然具有某种方向性。这种方向性在特定的时期体现为政治性。当前，高校学生管理必须紧紧围绕着为中国特色社会主义培养合格人才这一中心目标服务，这是我国目前高校学生管理工作中一个本质特点。学生管理工作作为一种手段，是为教育方针服务的，而教育方针是一定时期的政治、经济和文化等现实在教育领域的反映。众所周知，中外教育史上都有重视德育的传统，但不同时代、不同社会，其德育中"德"的内涵是大不相同的。例如，欧美等西方国家与我国都在教育中强调了人本思想，但由于政治、文化的不同，欧美学校教育中的"人本"是个人本位的人本思想在教育中的反映，我国教育中的"以人为本"则是一种以广大人民群众利益为本的集体本位的人本思想，或者说是"民本"，因此其本质意义是大相径庭的。欧美等西方社会强调的个人本位"人文"教育，其目的是为他们的社会培养接班人；我国强调的集体本位思想政治教育，是为中国特色社会主义事业培养建设者和接班人。这就是教育方针的政治性。学生管理无疑是要为教育方针服务的，当然也就不可能不在其工作中体现出政治性。学生管理工作的政治性，决定了学生管理工作者必须具备应有的政治素质，不断提高自身的政治敏锐性，时刻关注政治局势，把握大局，保持与党中央的高度一致。

（二）层次性

高校学生教育管理工作的主体是一支以学生教育管理工作人员为主、教师为辅的数量庞大、覆盖面广阔的教育管理队伍。具体而言，学生教育管理的组织机构按照层次划分，可分为高层管理机构、中层管理机构和基层管理部门3个层级。在3个层级体系中，既有以学校分管学生教育管理工作的副书记、学工部（处）长、党总支书记、分团委书记、辅导员、班主任为主体的专职队伍，也有由校党委宣传部、组织部等政工部门和机关各行政部门有关人员、专业课老师组成的专职人员。因此，可以说，高校学生教育管理工作的主体具有专兼结合、多层次、多格局的特点，基本实现了对高校大学生的全员、全程、全方位的"三全"管理。

（三）多样性

随着经济的发展和时代的变迁，当今高校学生管理呈现出多样性的特点，教育管理客体的复杂性增加了教育管理工作的难度。

大学生是思想最为敏锐的群体，有着自身独特的特点。根据大学生的身心特点有针对性地开展工作，是高校学生工作管理顺利进行的保证。每个学生的成长和教育环境不同，造成他们价值取向的多元化、思想观念的差异化，具体表现有：理想与现实的差距使其虽有理想信念，但难以抉择；虽有明确的是非观，但自控性和自律性较差；实用主义倾向明显，只关注与自身利益相关的事情；个人主义突出，自我意识较强；要求独立，但依赖性强，渴望尽快走向社会，但又无法实现经济独立；适应新事物的能力较强，但心理承受能力较差。学生工作管理要适应学生的特点、满足学生的需要，这是学生工作管理取得成效的关键。针对大学生的特点开展工作，能够使学生工作管理更具专业性和操作性，从而促进高校学生工作管理目标的实现。高校学生工作管理有以下特点。

第一，教育性。培养全面发展的高素质人才为社会主义现代化建设服务是高校学生工作管理的主要目标。学生工作管理者要通过对学生的教育和引导，提高大学生的科学文化素质，培养他们良好的品德和修养，引导他们坚持正确的政治方向，帮助他们树立远大的理想信念。总之，要通过发挥学生工作管理的教育和引导作用，促进高校管理目标的实现。

第二，开放性。高校的学生工作管理具有开放性，日常管理工作可以通过多种途径和方法开展。既可以通过课堂教学教育，又可以通过组织校园文化活动进行日常管理，还可以通过学校教育、社会教育、家庭教育等多种渠道展开。学生工作管理者要善于利用多方资源，懂得统筹和协调，形成促进学生工作管理的合力。

第三，持续性。高校学生工作管理系统是一项复杂的工程。每一项具体工作的完成都要以学生工作管理的总体目标为方向，都要体现学生工作管理的效果，都要促进大学生的全面发展。高校学生工作管理要建立长效的工作机制，使学校教育、社会教育、家庭教育三者有效结合，通过外在的制度管理和内在的学生自我约束，并结合思想政治教育，以提高学生工作管理的效果和系统性。

第四，实践性。高等教育以培养适合社会需要和适应时代发展的高级知识人才为目标，要提高学生解决实际问题的能力。社会形势的不断变化和发展，要求学生工作管理模式随之改变。新的管理方法和手段不能只是空谈理论，而应该在实际工作中得到切实的运用，以达到理论指导实践的目的。只有具有实践性的学生工作管理，才能更好地适应日益变化的社会环境。

（四）复杂性

随着当今世界多极化趋势的发展，市场经济与经济全球化的进程日益加快，但市场经济与经济全球化也是一把"双刃剑"：一方面，使得各民族、各国家、各地区之间的联系紧密，西方的思想意识形态以前所未有的规模和力度冲击着我国高校大学生的人生观、世界观和价值观，直接冲击着他们所接受的传统的爱国主义教育、集体主义教育和社会主义教育；另一方面，在国内全面进行社会主义经济建设的大潮中，市场经济对高等教育产生了一定的负面影响，这些负面影响也在一定程度上反映到高校学生的精神生活中来，从而以各种不同形式影响高校校园，冲击着高校的思想政治教育。

此外，高校的教育体制改革和大规模的扩招使得当今高校的教育管理环境变得复杂。在全球化大背景下，对高校教育管理者而言，要做好高校学生的教育管理工作，需要解放思想，与时偕行、与时俱进，更多地与外界交流，与世界接轨，更多地接受新鲜事物，接受新思维，完善学生教育管理工作，这不仅关系到高校的安全稳定和各项工作的顺利进行，也关系到社会主义建设人才的培养和国家的长治久安。

（五）针对性

学生管理既然是管理，就不可能离开管理学科的特点，它不可避免地要吸收国内外相关管理科学方面的理论知识体系和工作经验。但大学生管理不同于一般的管理，它有着自己的特殊性。这些特殊性至少表现在以下4个方面：①管理的对象是大学生（社会角色而言），他们本身就是一个特殊的社会群体，是一群掌握着一定基础知识和专业知识的潜在人才群体；②管理的对象是青年（生理心理角色而言），他们处于血气方刚、激情澎湃、感情冲动、充满朝气的人生阶段；③这种青年群体与军事编制中的军人青年群体是不同的，他们的首要任务是学习，而非战斗；④管理的对象是正在接受知识教育和思想道德教育的青年群体，他们属于正处于想独立而在经济上又不能独立的半独立状态的青年群体。上述4个方面的特点决定了高校学生管理的针对性，决定了高校学生管理必须涉及青年学、生理学、心理学、教育学、人才学和管理学等诸方面的知识体系。

从青年学（含生理学、心理学）的角度而言，从事大学生管理工作的人员面对的是一群有血有肉、生龙活虎和朝气蓬勃的年轻人，他们的世界观、人生观、价值观尚未完全定型，他们对异性的关注、与异性的交往、对爱情的渴望、对性道德的理解和对人生的理解等，都有着这个时代的烙印，受到所处的时代环境的影响，与20世纪五六十年代生长起来的一代人是有着明显区别的。要管理好他们，就必须研究了解他们；要研究了解他们，就必须把握时代特征；要把握时代特征，就必须弄清楚这个时代的政治、经济、文化及科学技术发展的大方向。

从教育学的角度而言，高校学生管理必须有利于青年大学生的成长，必须符合教育规律。换言之，就是大学生管理必须按教育学、人才学所揭示的规律来进行。比如，大学生德育、智育、体育之间的关系如何在学生管理中有机融合的问题、知识的获得与能力的培养如何有机协调的问题、尊重学生个性与学校统一管理如何做到一致的问题、课堂教学与社会实践如何结合的问题等，都是需要认真研究探索的。

从管理学的角度而言，科学的管理从本质上讲是法治化、人性化的管理。管理的有效实施离不开规章制度的建设，而法律与规章制度的制定往往是以一定的理念为指导的。在法学中，指导法律制定的是法理（法律理论）；在政策学中，指导规章与政策制定的是政治理论和与政治理论相关的哲学理论。由于法律与规章及政策两者所针对的都是人，所以，两者都离不开对人的理性化认识。也就是说，如果一种规章制度是与受它管束的人的本性相悖的，是非人性化的，那么，这个规章制度必然得不到良好的执行，即使执行了，也会带来许多负面影响。对于学校来说，这种负面影响必定不利于学生成长和人才培养。

（六）滞后性

这种滞后性主要表现为以下4个方面。

一是学校教职员工管理理念滞后，全员育人的理念还没有完全建立起来。

二是教育管理人员管理理念滞后，偏重管理，轻视服务和教育。学生教育的主体性没有得到充分的体现，没有真正把学生放在第一位，没有围绕学生的发展开展工作。

三是教育观念滞后。受学生水平参差不齐的影响，部分学校教育管理人员并没有用一分为二的、发展的眼光看待学生，对自己欣赏的学生就只看到优点，对待自己不看好的学生就只看到缺点，从而忽视整个管理体制中学生主体应有的权利。

四是人才观念滞后。受社会大环境的影响，社会上存在唯学历论英雄、鄙薄职业教育的现象，而部分职业院校的教职员工对此也没有形成正确认识。

三、高校学生工作的创新

（一）工作理念的创新

1."以生为本"的工作理念

"以生为本"的主要内容就是"以学生为本，彰显学生主体地位；以生命为本，发挥学生主体作用；以生长为本，促进学生全面发展"。"以生为本"的教育管理理念是高校学生教育管理新模式的核心。一是要以全体学生作为教育管理活动的出发点和落脚点，积极激发"学生的主体意识"，大力发展"学生的主体能力"，努力塑造"学生的主体人格"，学校要贯彻践行"三全育人"思想和理论，始终坚持"学生的主体地位"，充分发挥"学生的主体作用"，引领学生树立正确的人生观、价值观、世界观，引导学生自我认同、自觉约束、自我教育、自我管理，实现全面发展。二是尊重学生的差异性和个性自由。多元开放的社会中要正视差异性、包容多样性。处于大学阶段的青年学生在身体、生理、心理、价值取向以及道德认知等方面存在着明显差异，同时在学习、生活等方面追求个性，因此，要尊重学生的意愿和个性特点，用辩证的观点和方法具体问题具体分析，强调学生的道德义务、道德理性和法制观念；同时，不遏制学生天性，顺其自然、因人制宜，对其进行分类、精准的教育管理，保持学生的生机与活力，促进学生的个性发展。

2.构建新型师生关系

现今是知识爆炸的时代，是互联网的时代。通信技术发达，信息传播途径广泛，学生获取知识、了解资讯、认识世界的方式与途径也多种多样；现在的大学生从小成长的家庭环境、社会环境、世界经济环境也发生了新的改变，教师、学校管理人员对学生而言也不再是高高在上的、神圣不可侵犯的存在，学生有自己的价值判断，对社会有自己的理解和认识。因此，传统的以"管住"为目标的管理方法已经不能适应现在的学生管理，新型的师生关系亟待构建。作为高校的学生教育管理人员要认识到，开放性和灵活性是高校学生工作的新的时代背景和基本特征。高校应当改变传统的学生管理理念和工作方式，构建相互尊重、理解平等和谐的师生关系，由管理约束学生向服务发展学生转变。

3.创新新技术的工作育人理念

加强和改进高校思想政治工作，要坚持全员、全过程、全方位育人。把思想价值引领贯穿教育教学的全过程和各环节，形成教书育人、科研育人、实践育人、管理育人、服务育人、文化育人、组织育人的长效机制。高校学生教育管理是指高校党政管理部门、专业教师、学工队伍及其管理人员等，运用计划、组织、指挥、协调、控制和服务等手段，寓思想政治教育于管理之中，管理中辅之以思想政治教育，以实现思想政治教育目的和任务的创造性活动过程。因此，管理育人是高校育人机制中的一个非常重要的组成部分。随着新技术、新媒体、新业态的强力介入，高校必须不断创新学生教育管理的方式、方法、内容和手段，以育人为出发点，将新技术融入教育教学管理、科研管理、行政管理、学生管理等不同形式的管理活动中，如构建云课堂、网络服务大厅、"一键式"服务网络、学生网格信息中心等，实现大学生在校期间所有信息的全程跟踪，通过"大数据"分析、整理和判断，精准地对大学生的思想、学习、生活和行为进行引导、教育与约束。

信息时代为地方高校学生教育管理提供了便利，这就要求教育管理工作者在信息技术的前提下创新高校教育管理育人理念，将互联网融入学生管理工作中，建立多渠道、全方位、广领域的育人体系，以更好地发挥管理育人的基础性和保障性作用。

4.坚持民主管理工作

民主管理是相对于"一言堂"的管理而言的。民主管理对于现代管理、对于我国高校院系学生工作管理，既是手段，又是目标。一方面，它是院系学生工作管理有效性的重要保证。通过学生广泛参与，可以树立主人翁意识，牢固学校的凝聚力和向心力；另一方面，它能培养学生的民主意识，增强学生参加学校管理的积极性。

民主管理的内涵非常丰富，它是现代管理的重要内容之一。根据当前我国高校的实际情况，在高校院系学生工作管理中，民主管理的理念应着重体现在两个方面，下面展开具体论述。

（1）以人为本，认同学生的主体地位。实施对人的管理是学生工作管理的本质。因此，在学生工作管理中，必须始终贯彻以人为本的核心思想。学生是高校管理的对象，也是高校管理的主体。因此，"为了一切学生，一切为了学生，为了学生的一切"的思想，应该成为高校学生工作管理的基本理念。这也是柔性管理理论中一个重要的概念。这就要求学校涉及学生的各个部门都要树立起以学生为本的核心思想，实行民主管理的方式。基层学生工作管理者要正确认识和充分尊重学生的个性发展，要广泛听取学生的意见和要求，将学校的发展与学生的发展融为一体。在各项规章制度的制定过程中，要调动学生参与的积极性，同时增加透明度；对学校院系各项工作中存在的问题，要鼓励学生主动、积极地参与管理，听取来自学生的意见，以此来充分、有效地调动学生"自我教育、自我管理、自我服务、自我激励"的积极性。

（2）讲求宽容，为学生发展提供宽松的环境。宽容就是要求学生工作管理人员尽量理解或亲身参与到学生的各种创造性活动中去，鼓励学生在校园文化活动中百家争鸣、百花齐放，不要用简单划一的制度和方式去规定学生，减少对学生的强制要求和无谓监督。既然有创新，也就意味着有风险，宽容就是要求学生工作管理者特别是院系学生工作管理者要有勇气去替学生承担风险和压力，力所能及地为创新性的学生提供帮助和支持。当前大学生体现出个性多元化、发展差异化的特点，院系学生工作管理人员不仅要考查学生学业知识，还要考查学生的道德、创新以及实践能力等方面，以促进学生的个性化发展。

5. 强调服务意识、实现个性化工作

一些学者认为，市场经济的建立和高等教育大众化的发展，使高等教育成为一种消费，大学生就是特殊的教育消费者。"教育是一种具有服务性质的实践活动，教育服务就是教育活动的产品，或者说是一种服务形态的产品，教育产品是教育服务。"市场经济条件下，服务的提供方是高校，学生作为消费者，那么在市场上、在学生付出学费的前提下，学生有权利要求高质量的教育服务、享受优质的教育资源，而高校也必须提供相应的教育服务。因此，高校学生工作管理理念必须要进行转变，而院系作为与学生接触最密切的基层组织，其本质就是要坚持以服务学生为本，这就要求学生工作组织以及学生工作管理者要根据市场经济发展的各项要求为学生提供服务，要一改以往行政化、官僚化的学生工作管理作风，实现学生工作管理向规范化、制度化、科学化的方向转变。

理念为行动指明了方向。院系学生工作管理者要学会转变角色思考问题，要多从学生的角度出发，思考学生面临什么问题，应该如何处理。要搞清学生当前的思想动态，把解决学生的问题作为学生工作管理的出发点和归宿；同时，要发挥学生的主动性，使学生参与到学生工作管理当中来，让学生积极地提出意见，这也是培养他们发现问题、分析问题、解决问题能力的重要举措。

（二）工作机制的创新

高校学生主体、教育管理队伍主导、"家、校、社"协同一体、多要素有机联动的学生教育管理工作要想发挥其"促进学生全面发展"的育人功能，必须建立、完善和优化"家、校、社"协同机制、教育管理制度保障机制等高校学生教育管理机制，创新学生教育管理工作。

1.管理机制

（1）建立院系党政共同负责学生工作管理的领导机制。基层院系学生工作管理的有效开展离不开院系领导班子的大力支持。院系学生工作管理体系建设，首先要安排院系班子，即专门领导，全面负责学生工作管理，同时院系党政领导也要亲自抓学生工作管理。建立党政领导共同负责学生工作管理的领导机制，可以全面整合院系各部门的力量，使得院系教务、行政等各部门分工协调，促进基层院系学生工作管理有序开展。在院系党政领导的共同负责下，学生工作管理既不是单纯的思想教育工作，也不是单纯的行政管理工作，而应该既是思想教育工作，又是行政管理工作。为了确保党政共同负责落到实处，可以在院系党政联席会议上单列一项学生工作管理，用以保障学生工作管理的顺利、高效开展。需要说明的是，各项工作的开展要发挥学校学工处的指导功能。同时，学校有必要赋予院系学生工作管理部门一定的行政权力和主动权，否则，院系学生工作管理部门仅作为与院系同等的职能部门，其各项工作极有可能得不到有效开展，导致院系学生工作管理部门的职能与目标存在距离，从而达不到预期的管理目标。

（2）以学生的发展和需要为依据，进行组织机构和职能设置。院系基层学生工作管理必须建立在配备完善、工作得力的学生工作管理机构的基础上。长期以来，院系的学生工作管理机构虽然采取了不同的设置形式，但是无论采取哪种设置形式都必须满足学生受教育的需要，满足一定的设立条件。比如，是否适合学生全面发展，是否能使学生工作管理人员顺利开展工作，是否能够使得院系学生工作管理部门达到预期的目的。要加强院系一级的领导和管理。在机构上，成立院系学生工作管理办公室，与学校学生工作管理处相对应，院系党政负责人共同对本院系的学生工作管理负责，院系学生工作管理办公室的常务负责人应是院系党委（党总支）副书记。成员包括院系学生工作管理办公室主任、团委书记、年级辅导员等，需注意的是，院系一级的本科生学生工作管理由党委（党总支）副书记负责，而一些高校的研究生学生工作管理由党委（党总支）书记负责，那么在管理中应当有院党委（党总支）书记对全院研究生、本科生的学生工作管理负责，在具体工作中一定要统筹兼顾、理顺研究生和本科生的管理机制。

目前，由于大学生数量不断增多，事务量也在增大。虽然近年来学生工作管理组织进一步扩大，学生工作管理人员数量进一步增多，但是院系学生工作管理人员既要应付日常学生工作管理，也要随时处理突发事件，往往有些力不从心。

为此，院系学生工作管理部门应当以管理职能化、规范化为目标进行部门设置，细化管理职能，以更好地满足学生的需要。具体来说，院系层面要成立或者设立以下3个与学生利益相关的办公机构。

第一，成立院系资助工作办公室。在院系层面上成立院系资助工作办公室，专门负责管理院系学生的各种经济资助事务。具体职能是：做好与学校的资助管理办公室的任务衔接；根据本学院的专业特点，与有意向的资助单位进行联络，负责资助信息的收集和发布；同时，要做好学校奖学金、助学金的发放工作，适时提供一些勤工助学岗位信息；等等。院系资助工作办公室需要做好以下工作：一是深入学生中摸查情况，全面了解学生经济状况，做好贫困生建档工作；二是努力构建和完善以"奖、贷、勤、助、补"为主体的资助体系；三是对贫困学生开展励志教育，引导贫困学生自强不息；四是大力开展诚信教育、感恩教育，引导贫困学生以实际行动回报社会。

第二，建立院系心理健康辅导室。当前由于经济社会的快速发展，学生心理健康问题呈现出独特性和复杂性的特点，从学生工作管理的本质出发以及服务学生的需要，当代大学生需要专门化的心理辅导。院系直接接触学生，需要成立针对各院系特点的专门的健康和发展咨询部门，配备既了解心理辅导知识也了解本院系特点的专门人员。院系层面上的心理辅导室，可以借助学校心理辅导中心的力量，为每个本院系的学生建立心理健康档案，使得院系心理辅导工作成为学校心理辅导的有效补充，同时，也能在第一时间为院系学生提供心理帮助。目前，我国很多高校都对辅导员提出考取心理咨询师职业资格证书的要求，很多辅导员也顺利通过考试，获得了心理咨询师职业资格证书。所以，院系学生工作管理系统已经具备建立心理健康辅导室的师资条件。院系在辅导学生心理健康时要注意：一是制订学生心理危机干预预案，完善学生心理健康档案；二是举办心理健康活动，普及心理健康知识；三是做好心理辅导和咨询工作；四是认真进行学生心理状况摸排工作，妥善处理好有心理问题倾向的学生的心理干预工作。

第三，成立院系学生就业创业指导中心。在院系层面设立院系就业创业指导中心，其职责是利用相关学生工作管理人员的专业优势，指导院系学生制定职业生涯发展规划，为毕业生提供与专业相关的求职技能和就业信息，指导学生从事创业活动等事务。院系就业创业指导中心应加强与学校就业创业指导中心的合作，利用院系的专业优势，加强与相关企业的联系，为学生提供高质量的就业创业服务。院系就业创业指导中心要牢牢抓住就业创业服务和就业创业指导这两条主线开展工作；做到重点关注、重点服务、重点推荐，谋求整体突破，提高毕业生就业率。

2. 制度保障机制

（1）建立全员育人制度。影响人的外部因素主要包括遗传、环境和教育。学校学生工作中，育人既是一个传授、引导的过程，也是一个感化、熏陶和养成的过程。在学校中，从课堂学习到社会实践，从宿舍生活到学习生活，从教室文化到校园环境，点点滴滴与学生生活相关的人和事都会影响学生的成长。传统观念中任课教师只管上课，思想政治教育工作是班主任或辅导员的任务。现在应该摒弃这种观念，转变教育模式，建立全员育人的意识，"教书"与"育人"不是剥离开来的两个部分。学校教育也不仅仅是任课老师、辅导员、班主任的事情。全员育人包括"教书育人""管理育人""服务育人"几个部分。学校的教师、各职能部门工作人员、管理人员都有一个共同的工作目标"育人"，在从事自己本职工作的过程中，对学生进行直接的或是间接的教育影响，以"润物细无声"的方式让学生在日常学习、生活中受到潜移默化的熏陶，把外在的教育影响转化为学生内化的教育影响。

（2）整合教育资源，形成教育合力。学生的教育管理涉及范围相当广泛，包括思想政治教育、法纪安全教育、心理健康教育、就业创业教育、综合素质教育、教学管理、公寓管理、社团管理、资助管理、档案管理等诸多方面。目前是教育部门与管理部门二者各负其责，形不成教育合力，因此教育管理工作收不到应有的效果，对于培养高素质、技能型人才的教育目标来说事倍功半。高校应整合教育资源，完善健全与高校学生特点相适应的管理制度，明确不同层级的学生管理相关部门的职责、权限关系，做到岗位到人、职责到人、责任到岗，实现管理者责、权、利的统一。各职能部门之间应建立起精诚团结、有效合作的一种工作状态，形成教育合力，使教育管理工作更加高效、实效。

3. 家校社协同机制

2019 年 2 月，中共中央、国务院印发了《中国教育现代化 2035》，明确提出重视家庭教育和社会教育。家庭教育是通过家庭成员之间的情感交流和言传身教来进行，主要内容是道德品质、行为习惯和家风教育。家庭教育具有启蒙性和优先性，是一种隐性教育，更是地方高校学生教育的重要基础。家庭教育是以生活形式进行教育，更具实践性和灵活性。学校教育主要是指学校开展的文化修养、专业知识、心理健康、价值观、创业精神等教育，是大学生的主渠道教育和显性教育。社会教育是指大学生参加有益于身心发展的各种社会活动，以了解社会、适应社会、服务社会，其对学生的独特作用，是对学校教育的完善。

新技术、新媒体、新业态等强力介入高校学生教育管理，带来挑战、困惑和机遇，这就要求高校完善、健全学生教育管理机制、创新教育管理模式，构建家庭、学校、社会协同教育机制是新型学生教育管理机制的重要组成部分。家校协同不是简单的家庭教育配合学校教育，是指以学校建立畅通的交流平台，与家长之间开展线上线下、随时随地的双向交流，学校对家庭教育进行指导、家庭（家长及成员）对学校教育进行监督和建议，优化各种教育资源的配置，以达到对学生最优教育目标的活动。

社校协同也不是简单的大学生参加社会实践活动，是指政府、社会各团体组织整合教育资源支持、参与学校教育的活动；学校教育融合社会教育，社会参与、支持、监督学校教育。通过家庭、学校、社会的交互与协同，树立"以家庭养成教育为基础，以学校德智体育为中心，以社会实践活动为重要形式，以家校社平台为载体"的协同理念，构建"学校显性教育、家庭隐形教育、社会补充教育，学校承担教育的主体责任、指导家庭共同开展教育，社会参与和监督学校教育，三者之间有机互动"的协同机制。

（三）工作队伍的创新

高校学生教育管理队伍是全面落实党的思想政治工作的一支重要力量。高校工作队伍和党务工作队伍具有教师和管理人员的双重身份，要纳入高校人才队伍建设总体规划，形成一支专职为主、专兼结合、数量充足、素质优良的工作力量。高校学生教育管理对他们的能力和专业有很高的要求，不仅要求他们具有较高的思想政治素质和较强的心理素质，还要求他们应是综合型人才，具有一定的互联网思维和新媒体素养。

教育管理工作者应借助网络这一力量增加师生的交流和互动。他们不仅可以在网络平台建立独立的课程网站，在网站上分享课件和视频，为学生提供随时学习和互动的机会；他们还可以通过建立 QQ 群和微信群，加强课下的沟通，提供更多与学生互动的窗口，这一系列的行为也有助于他们实时了解学生的动态和想法，在发现问题时能迅速给予一定的指导和纠正。

此外，高校教育管理工作人员应充分利用网络平台，关注学生的生活和情感，及时在他们的学习、人际以及工作等方面，给予适当的建议和解决方案。因此，互联网等新兴技术的发展给地方高校师生提供了更多的途径来沟通和互动，不仅有助于增强情感交流，还可以帮助高校教育管理工作者培养自身素养和开展师德建设。高校学生教育管理工作者应该配置独自的网络话语体系，运用网络技术建立这种具有一定导向和包容作用的创新体系，将其作为载体，迅速传递信息，并能通过其规范学生行为。高校管理人员在充斥多种不同思想的网络环境中，能有效完成肩负的任务和使命，不惧怕舆论，在真正意义上拥有主要的话语权和管理权。同时运用网络技术，借助组织、社团联合会以及其他团体的力量，推进网络文化活动的开展。此外，他们还能通过互联网技术以及相关部门和制度有效管理不良信息的传播，通过选举意见领袖，进而保障高校网络环境的安全。

1. 专业化的工作队伍

学生管理队伍（辅导员或是班主任）是与学生接触最多、对学生影响最大的人员之一，是高校开展学生管理工作的骨干力量，是高校学生思政教育和管理工作的一线组织者和实践者。因此，建立一支素质高、能力强、较稳定的学生工作队伍显得尤为重要。高校应建立和规范学生管理队伍的准入机制，优选政治强、业务精、纪律严、作风硬、心理素质好的人员进入学生管理队伍中来。高校还应结合学生管理工作的特点，考核应选人员的表达力、沟通能力、思维创新力等方面的素质。除此以外，高校还应做好以下5方面的工作。

第一，服务大局，提升凝聚力。学生工作管理队伍要紧紧围绕学校奋斗目标、紧扣学校发展定位、紧跟学校发展步伐，做到盯得住目标不偏离、耐得住寂寞不放弃。全体辅导员和学生工作管理者要互帮互助，团结协作，共同进步。

第二，加强修养，提升道德力。辅导员要示范德行，带头遵守校纪校规，在工作中做到平等对待学生，牢固树立以学生为本的理念，尊重学生的创新性，关心学生疾苦，了解学生的难处，始终不忘责任，不辱教师的神圣使命。

第三，持之以恒，提升学习力。首先，院系要为辅导员提供学习的平台，为辅导员"充电"提供良好的环境。其次，要培养辅导员独立思考的能力。因为当前我国高校从事专职辅导员工作的人员大多数是刚刚参加工作的研究生或者本科毕业生，社会阅历不足，缺乏处理问题的经验。最后，辅导员要坚持理论与实践相结合的原则，努力把理论知识转化为谋划学生工作管理的思路、解决学生问题的办法和推动学生工作管理的本领。

第四，与时俱进，提升创新力。全体辅导员要努力探索学生工作管理新途径，解决学生工作管理中出现的新问题。

第五，爱岗敬业，提升执行力。每一名辅导员都要勤恳踏实、爱岗敬业，做到坚持政策不走样，灵活把握不教条。同时，认真负责，经常深入班级寝室，了解学生情况，解决学生矛盾，疏导学生情绪，坚持处理矛盾讲究策略、解决问题注意方法。

2. 不断提升的工作队伍

学生教育管理工作具有工作主体的层次性、工作客体的多重性、工作环境的复杂性等特点。学生教育管理过程中会不断地面临新的环境、新的情况、新的问题，因此，学生管理队伍也需要不断地提升自己，充实自己。高校应对学生管理队伍制定合理的培训规划，建立多种层次、多种主题、多种形式的校内外培训机制。通过培训让新进人员快速地了解学生管理工作、熟悉业务；通过培训让学生管理队伍掌握教育原则、方法、教育的艺术；通过培训让学生管理队伍工作增强职业认同感和责任感，引导他们以身作则，细心、耐心地开展工作；通过培训让学生管理队伍提高其心理咨询、就业指导、资助经济困难学生的能力，提高工作效率，增强工作积极性。

3. 自我教育的学生管理

管理的最高境界是"无为而治"。老子在《道德经》中说："太上，不知有之；其次，亲而誉之；其次，畏之；其次，侮之。信不足焉，有不信焉。悠兮，其贵言。功成事遂，百姓皆谓'我自然'。"要实现这种"我自然"的良好状态，除了需要教育管理人员自身具有较高的素质和管理艺术以外，还需要学生提高教育管理能力，包括自我教育、自我服务、自我管理。增强学生的"三自"能力，既能提高教育管理效率，又符合素质教育以学生为主体、发挥学生主体性的基本要求。

（四）工作环境的创新

大学生教育管理环境是大学生思想道德品质的形成、学识水平和综合素质的提高等重要的影响因子。大学生教育管理环境是指管理过程中学生直接感受和接触的，影响学生思想品格的形成与发展，影响管理活动与管理效果的一切外围条件的总和。信息化时代各类信息无孔不入，大学生教育管理环境随之变得复杂、多变，因此，创造公平正义的社会环境、营造清朗的校园环境、构建良好的家庭环境、打造干净的网络环境等，努力优化影响学生教育管理的社会、校园、家庭和网络环境，为学生教育管理新模式的实现创造美好环境。

1. 社会环境

教育公平是最重要且最基本的公平。社会生活中存在的一些不公平现象，特别是教育不公平，容易引起大学生的特别关注。政府要修订、出台相应政策措施，保证教育、就业等学生最基本的民生工程，切实维护学生的合法权益，营造公平正义的社会环境，助力学生教育管理，进一步激发青年学生服务国家、服务社会、服务人民的热情。社会舆论既有先进的、正确的，也有落后的、错误的，舆论环境纷乱复杂，对大学生教育管理与成长具有重要的影响。因此，政府、社会各组织团体要以"电视电台、报刊报纸、微信微博、移动终端、互联网"等平台为重点，发挥主流舆论阵地作用，坚持正确舆论导向、正面宣传为主，阐释好、宣传好党中央的重大决策部署和工作成效，以及广大人民群众在新时代的新风貌；客观回应人民关切；积极引导青年学生树立、培育、践行社会主义核心价值观。

2. 校园环境

高校学生教育管理的校园环境也正发生着巨大的变化，高校要顺应网络时代的新常态，营造清朗的校园环境。为此，高校应做好以下几点。一是改善校园的"硬"环境条件。学校"硬"环境主要指学校的硬件设施，如校园建筑、绿化景观、教育教学仪器设备、生活设施，以及网络系统等。良好的学习、生活环境，可以启迪智慧、陶冶情操、涵养性格，无形之中起到控制不良情绪、抑制不良行为、完善道德修养的教育作用。改善校园的"硬"环境条件，首先要做好校园建筑、自然景观的设计和规划，建设一个公园、景区式的校园，在优美、自然的环境中感染学生、发展学生；其次要加大学生学习生活的基础设施投入，不断完善相应的配套设施，切实解决学生教育管理中的实际困难和问题。二是加强校园的"软"环境建设。学校"软"环境主要是指校园文化、师生关系、师德教育、校园活动，以及校纪校规等，以无形、独特的力量，教育或影响着学生。校园"软"环境虽然看不到、摸不着，却是校园环境的灵魂，若没有了它，学生教育管理工作就是没有"风"的风筝，怎么也飞不起来。加强校园的"软"环境建设，首先要加强校园文化建设，树立良好的校风、教风、学风，以此带动和熏陶学生；其次要构建民主平等的师生关系，如人格平等、心理平等，在感情上贴近学生，思想上理解学生，心理上接受学生。

3. 家庭环境

父母是人生的第一个老师，家庭是人生的第一个教育管理环境，他们深刻影响着思想道德观念和行为方式的形成发展。就学生教育管理来讲，对家庭环境的要求越来越高。一是要积极营造和谐民主融洽的氛围，可以让学生形成自信、开朗、乐观、坚强的性格。父母"严于律己、宽以待人"，学生就严谨、善良；父母"严于律子、宽以待己"，子女在学习生活工作中遇到困难挫折必然抱怨满腹，抱怨社会、抱怨学校、抱怨他人，从不在自己身上找原因；二是要时时展现热爱学习、热爱生活的精神面貌。家长要树立终身学习的意识，积极展现热爱生活的精神面貌。已有的研究表明，高校问题学生基本都与家庭教育的缺失、家庭不完整等有关。良好的家庭环境潜移默化地影响着学生的成长成才，并逐渐内化为优良的道德品质、思想行为和崇高的精神风向。

（五）工作载体的创新

高校学生教育管理载体是指将学生教育管理理念、教育管理内容渗透到学生教育教学、各类活动以及日常学习、生活中，以提高大学生的思想道德素质、综合能力，规范大学生行为、习惯的目的。高校学生教育管理在新时期提供了更多的载体，也为各载体之间的有机联动发挥了纽带作用。高校学生教育管理载体主要有课堂教学载体（课程思政、思政课程）、第二课堂载体（创新创业教育、学科竞赛、班级、社团活动等）、校园文化载体（青年志愿者协会、学生会、社团、校园文化艺术节、校园讲座、学生社区、宿舍文化节等）、网络载体（QQ、微信、微博、邮箱、校园 App、直播等）。

其中，课堂教学载体是主渠道，是高校学生教育管理的显性载体，在高校学生教育管理中起主导作用；第二课堂载体是高校学生教育管理的隐性载体，在高校学生教育管理中起辅助作用，但不可或缺；校园文化载体是地方高校学生教育管理的重要载体，在地方高校学生教育管理中发挥着不可替代的重要补充作用；网络媒介既是高校学生教育管理的有效载体，更是各载体之间有机联动的纽带。

通过将学生教育管理理念、教育管理内容赋予具体活动中，改变传统的"面对面"式的说教管理，继而推动地方高校学生教育管理载体的有机联动，互相联系、互相作用和互相影响，充分发挥其承载和传递教育管理内容的作用，构建多方位、全过程、立体的高校学生教育管理体系。

（六）工作架构的创新

1. 保障平台的架构

高校基层院系学生工作管理最基本的职责是保障学生生命、健康和财产安全。院系必须采取有效措施，构建一个安全、稳固的平台，为学生创造安全的学习和生活环境，以保障学生的生命、健康和财产安全。

利用网络、板报、展板、开主题班会等形式，经常性地开展安全法制教育，使安全防范意识更加深入人心。比如，加强学生的安全意识，特别是防盗、防骗意识。加强对特殊学生的管理，特别是加强毕业班学生、有心理隐患学生、在外实习学生等重点群体的管理。

院系学生工作管理者要时刻掌握特殊学生的情况和思想，一旦发现问题，要及时进行干预，必要时上报学校的学生工作管理部门，寻求更高层面上的帮助。同时，还要关注产生问题的原因，以从根源上解决问题。如针对孤儿、单亲家庭学生，院系可以多组织些座谈会，让孤儿、单亲家庭学生互相了解，增强生活信心；针对家庭困难学生，院系可以提供一些勤工助学岗位或者发放困难补助，帮助其解决经济问题；对于有学习方面困难的学生，学院可以安排教师或者学习成绩较好的同学展开帮扶；对于确诊有心理疾病的学生，学院在保密的前提下，邀请心理健康教育中心的老师，为其做好心理疏导工作，或协助其寻求专业人员的帮助，以避免问题的进一步恶化。

完善突发事件应急预案和学校公寓管理办法，成立学生公寓管理委员会、文明纠察队等。要经常性地进行突发事件的演习，使得学生工作管理者在演习中不断丰富经验，当危机来临时，可以以良好的心态和恰当的方法来应对。建立完善的危机预警机制。一个完善的危机预警机制，是院系面对危机的最主要的手段之一，对于解决危机起到不可估量的作用。

2. 服务平台的架构

当代大学生应当具备的各项能力，概括而言可以归纳为思想领域和实践领域两方面，下面将展开具体论述。

（1）思想领域。大学生的思想素质主要通过思想政治教育来实现，而基层院系学生工作管理的核心就是学生党建工作。共产主义理想信念、社会主义核心价值观等先进的思想应成为当代大学生必须懂得的真理。因此，在新时期，学生党建工作应成为基层院系学生工作管理体系的核心，把院系建设成为对学生进行思想政治教育的主阵地，以党建工作推动其他各项教育工作不断向前发展。

（2）实践领域。基层院系学生工作管理的主要内容是全方位地指导学生发展。学生的全方位发展是院系学生工作管理内容的本质所在，以学生全方位发展为依据，建立起培养学生综合技能的帮扶指导平台。具体来说，高校应做好以下工作：①构架学生的专业规划。当前很多院系的学生在校学习了一年还不知道本专业到底是什么。针对这一问题，有必要让学生从入校开始就懂得专业概念，并深刻地了解本专业的学习特点、学习方法和就业趋势。②指导并培养学生适应社会的各项能力。院系必须充分了解当前的社会发展现状，结合当代学生的各类特点，有针对性地组织开展相应的活动，制定行动方案，并将其贯穿于大学生活的始终。

第二章　高校学生教育与管理现状

高校学生教育和管理工作在新时期具有新的特点，也就出现了新的问题，要充分认清高校学生教育现状和管理现状中存在的问题和原因，才能更好地进行教育与管理。本章分为高校学生教育现状分析、高校学生管理现状分析两个部分。主要内容包括高校学生思想政治教育、心理健康教育、创新创业教育现状，高校学生教育存在的问题及原因，高校学生德育管理、学籍档案管理、安全管理、后勤管理、就业管理现状，高校学生管理存在的问题、影响因素及原因分析等。

第一节　高校学生教育现状

一、高校学生教育现状

（一）高校学生思想政治教育现状

1. 理想信念教育现状

在当前运行高校学生工作的思想政治教育效果呈现状态中，对人们政治立场和世界观在奋斗目标中集中体现并且作为确立人生价值取向最高标准的理想信念教育的现状是不乐观的，下面从 3 个方面展开论述。

第一，理想信念教育本身是较为形而上的表述方式，在落实到具体学生工作中可能会有途径不明等现象出现。根据观察与访谈的情况可以看出，目前开展的相关活动大部分缺乏明确的主题导向性，容易同其他高校学生工作的思想政治教育效果的维度混淆。

第二，学生群体更偏向于将理想信念集中于个人发展的规划层次，极少能够上升到社会、国家、社会主义事业等比较宏观的层次，比较多的表现就是将个人发展表述为希望通过此种努力为社会做出相应的贡献。

第三，理想信念教育，既是高校学生工作的思想政治教育效果的内容，也是结果的呈现。很多学生更倾向于将自身的规划同社会贡献相挂钩，传统意义上的伟大理想等已经被当作"脱离现实"的情况，这也反映了目前在学生们的学习工作中理想信念教育的缺位。而这种缺位很容易将理想信念这块思想高地拱手让给务实性的具体目标，让学生们缺乏宏伟的、担负时代重任的大局意识。与曾经深入人心的大学生好高骛远的形象不同，现在的学生群体在更加务实、谨小慎微的同时，也丧失了为伟大斗争、伟大工程、伟大事业、伟大梦想燃烧青春的精神力量。

2. 爱国主义教育现状

爱国主义是人们忠诚、热爱、报效祖国的一种集感情、思想和意志于一体的社会意识形态，而爱国主义对于整体社会与每一位国民的重要意义不言而喻，在此不再赘述；对于正处于思想活跃期同时伴随着不稳定的"三观"的高校学生而言，培养其家国情怀是非常必要的。

在日常生活中不难看出，爱国主义教育的开展还是比较普遍的，但大多数形式与内容已经不是很为学生群体所喜闻乐见；同时，承载的主要途径也转移到团课、党课等以正规培训为主的活动载体了。但需要承认的是，虽然在高校学生工作中存在着很多更新颖的形式，但其效果却难以持久。一方面，是传统教育形式在学生看来过于死板、老套，无法在最大限度上吸引学生的注意力。虽然传统形式的爱国主义教育学生工作比较深入人心，能够在很大程度上具有先发性，但形式的局限导致丰富的内容优势无法得到有效发挥，使爱国主义教育的效果大打折扣；另一方面，许多新兴爱国主义教育形式的学生工作虽然已经在孕育及实施的过程中了，但其记忆度与影响力度却不像接受程度那么乐观。许多活泼有趣的活动给学生留下的影响主要停留在"有趣"上，而具体的教育内容却已经很难回忆起来。很难说这不是一种本末倒置的现象，推行新形式的爱国主义教育需要将一定的注意力转移到对内容的关注上。

3. 公民道德教育现状

公民道德是围绕公民的权利义务关系反映公民对待个人与国家、与社会、与他人关系的道德观念、价值取向、行为规范等；其内容主要体现在社会公德、职业道德、家庭美德、个人品德上。在高校学生工作的思想政治教育效果达成过程中，公民道德教育这一维度的现状基本达标，但仍旧有需要提升的空间。具体体现在大部分公民道德教育围绕在以某一特定问题的解决上，而缺乏普遍性的普及针对；具体问题虽然有具体的教育，但缺乏整体性、连贯性、逻辑性的体系教育。

在学生群体的反馈中，最明显的是以考试为转移的诚信教育。对于诚信应考的公民道德教育很受学院领导的重视，并且在客观效果的达成上也具有一定成效。但是这种效果却只局限于应对考试这一特定环境中，没有上升到价值观念或下沉到日常生活学习之中。

得出以上结论主要根据以下两点：①大部分学生在提及公民道德教育的时候首先想到的就是诚信应考，并且强调其开展时间为考试月前夕，同时还有一定的问题导向性原则；②在面对道德两难情景时，学生虽然有所思考，但是并没有形成稳定的、自己的道德准则，无法在现实情况中指导实践。而第二种现象被学生群体解读为具体问题具体分析。这种唯问题导向性很难说没有受到由高校学生工作中对公民道德教育的唯问题导向性影响。

4. 辅导员进行思想政治教育现状

我国现阶段的高校学生的思想政治观念还需要进一步的加强。但是，我国现阶段高校中的辅导员在进行思想政治教育工作的过程中，往往采用的方式还是比较传统的。在实际开展工作中，仅仅是非常简单的说教，这种方法对于当代的大学生来说没有任何意义。在进行思想政治教育的过程中，更为重要的是辅导员的思想政治水平。所以，当下高校辅导员首要的任务就是要针对以上问题进行深入的研究与分析，并且还需要建立高效的指导建议，这样才能更好地提升我国高校思想政治教育的水平。我国高校辅导员在整个思想政治教学工作占据的地位，除了积极地发挥自身的作用，还需要进一步地提升我国高校学生的整体思想政治水平。

（二）高校学生心理健康教育现状

目前，国家越来越重视高校学生的心理健康教育，出台了一系列政策，高校心理健康的教育工作取得了一些成绩，发展较为乐观，但仍存在一些不足之处。比如，由于地域的不同，各个地区对心理健康教育所表现出的重视程度也有差异，专业化的师资队伍尚未建设完成、心理健康教育水平还有待提升等一系列问题存在。良好的心理素质能为学生的身心健康成长提供有力保障，为了更好地促进大学生的健康成长，各高校都开设了心理健康教育课程，并陆续开展了丰富多样的心理健康教育活动，有效帮助大学生调节自己的心理压力，进而强化其心理素质。但从实际情况来看，由于我国高校在心理健康教育方面还处于发展阶段，尚未形成成熟的体系，导致高校心理健康教育无法完全满足大学生的心理健康需求。

据相关调查表明，我国各高校在心理健康教育方面出现了不均衡现象。个别高校没有正确认识到心理健康教育工作的重要性，课程的安排上偏重专业课，忽视基础课程，导致心理健康教育课程的课时很少；部分学校在教学课时中没有做到有效落实，存在用专题讲座形式替代了课堂教学的情况，从而导致心理健康教育工作出现许多问题。虽然所有高校都设置了心理健康咨询中心，但是还存在硬件设备落后、办公场地不足等问题；还有部分高校对心理健康教育认识上存在偏差，把教育工作的重点主要放在了存在心理问题的少数大学生身上，忽视了主要群体的心理疾病预防，直接导致心理健康教育的推广和普及产生一定滞后性。

另外，我国高校的大学生心理健康教育工作发展还未成熟起来，有许多教育管理体系有待完善，需要进一步加大心理健康教育工作的力度。许多高校在心理健康教育方面基本都存在专业师资缺乏的情况，多数教师都是处于兼职状态，既要从事心理健康教育课程的教学，又要在学校的心理咨询室坐班与学生进行心理咨询。在这种情况下，学校专业的心理教师面临工作量大、精力不足的问题，他们自身往往有极其繁重的教学任务，时间和精力上都消耗较大，无法做到对学生进行全方位的日常心理健康教育指导和帮助。还有一些专职的心理教师不是心理学本专业出身，接受心理学相关的专业培训较少，他们对学生进行心理辅导只能根据自身以往的工作经验进行，从而使得心理健康教育无法取得显著效果。这些都直接造成了高校"专职者精力有限，兼职者能力不足"的心理健康教育现状。

在经济社会飞速发展的当前，对人才的要求也在日渐提高，大学生在学习和就业中会面临较大的压力，往往感到不知所措，迷失方向，进而出现不同程度的心理问题，对自身学习与生活造成一定的影响。据不完全统计，大学生群体中抑郁症的概率在逐渐上升，并成为其退学、休学和自杀的主要原因；另外精神疾病和神经症在高校学生中出现的情况也较多。心理上的不良症状集中体现为疑症、恐惧症、强迫症、情感危机、焦虑症和神经性抑郁症 6 种。与此同时，违纪行为、学业紧张、就业压力、经济困难、心理困惑和情感问题已成为影响大学生健康成长的六大重要因素。

（三）高校学生创新创业教育现状

"双创"时代赋予大学生发展的重要载体，更是市场经济环境下，我国市场经济不断繁荣发展的重要推动。当前，我国高校在创新创业教育领域，逐步建立起了相对完善的课程体系，搭建了多样化的创业实训基地，但大学生创新创业教育仍面临诸多问题，特别是教育模式单一、内动力不足，影响了创新创业教育的实效性，也不利于创新创业教育在促进学生创新能力培养中的作用发挥。因此，在新的历史时期，审视教育发展的新环境，高校教育使命在发生变化，强化创新创业教育建设、解决教育问题，是全面深化创新创业教育发展的内在需求。

1. 教育体系日益完善

从国家到地方，从政府到高校，在"双创"的热潮之下，建立形成了双创人才培养的新机制，为高校培养、输送双创人才在政策等领域提供了切实保障。为此，一方面高校以时代发展之担当，积极响应政策，在"立德树人"的教育要求中，将创新创业教育纳入教育体系之中，夯实了教育定位，也为创新创业教育建立起了广泛基础；另一方面，高校依托教育资源优势，在创新创业教育中逐步建立与之匹配的教育制度，以及相应的人才培养机制，为创新创业教育提供了有力支撑。但是，高校在创新创业教育中也面临"同质化"问题，各地高校纷纷开设创业课堂、打造创业孵化园等。创新创业教育脱离学校实际，教育实效性不足。因此，如何在新的教育改革中实现创新创业教育的新发展值得再思考。

2. 教育模式及教育内动力提高

以传统教育形态，构建双创教育模式，显然无法从模式、内容等层面，满足双创教育的现实需求。因此，以新的教育思维、教育模式，促进双创教育资源、平台等的有效生成，成为突破双创教育瓶颈的着力点。实际上，一些高校在双创教育实施中，缺乏建设深度，教育形式单一、教育内容匮乏，难以形成良好的创新创业教育动力，主要体现在以下3个方面。一是在创新创业教育中，缺乏教育体系建设，与专业教育、人才发展的契合度不高，影响到创新创业教育的实效性；二是一些高校在创新创业教育中，尚未形成完善的教育资源配置，特别是在创业实践、教育平台等方面难以满足日益增长的创新创业教育需求；三是创新创业教育未能精准实施，也就是说，粗放式的教育形态，难以针对不同学生个体，以"一对一"等方式实现教育的有效导入。双创教育同质化情况比较如初，无法满足个体需求下的教育供给。因此，高校在创新创业教育的实施中，不仅需要在教育内容、形式等方面的开展，而且需要从教育模式、教育动力等方面提高创新创业教育的实效性。

3. 教育环境不断优化

从中央到地方，各级政府纷纷出台政策，为高校创新创业教育实施保驾护航，促进了良好教育环境的形成。但是，高校创新创业教育面临的"落地难"等问题，仍是制约创新创业教育向纵深推进的重要因素。特别是一些政策落实打折扣，导致高校在创新创业教育中的热情不高，创新创业教育所需的环境条件不成熟。具体而言，这种环境条件的不成熟主要体现在以下两个方面：①虽然创新创业教育环境正逐步优化，但与目标值仍有差距，建立广泛的学生基础，是从供给侧全面深化双创教育部署的重要保障；②创新创业教育持续性、深入性明显不足，特别是出现的应付式教育实施的情形，暴露出教育机制不健全等问题。因此，高校对创新创业教育的"热情"逐渐消退，创新创业教育的环境基础反而被削弱，出现"头重脚轻"的情形，制约创新创业教育的深入推进，成为困扰高校创新创业教育的重要因素。

二、高校学生教育存在的问题

（一）教育理念落后

现代教育管理理念一般包括：以人为本的理念、全面发展的理念、素质教育的理念和个性化理念等。而新时期下的高校学生教育管理对这些教育理念的发挥提出了更大的需求，但是我国许多高校并未很好地贯彻实施"以人为本、全面发展"的教育理念，严重阻碍了高校学生教育管理工作的实效性。目前，我国高校学生教育管理虽然也在努力贯彻"以人为本、全面发展"等教育理念，但是效果并不喜人。高校的管理体制更多地倾向于行政管理模式，使教育者在日常工作中扮演更多的是管理者的角色，并没有发挥教育者应该承担的教育功能。只重视学校对大学生的行政管理要求，忽视大学生个人潜力的开发和全面发展的需求。新时期大学生表现出很多不同的特点，高校学生教育管理对大学生德、体、劳的教育还存在不足之处，很多教育管理工作只是"走过场"，严重阻碍了高校学生教育管理的实效性。

我国很多高校的教育工作者对时代、学生以及学校教育三者的认识，都仍停留在认知层面，这也表明高校的教育管理理念尚不完善，这种不完善主要体现在以下方面。①在现有的教育管理工作中，高校长期坚持使用行政化的管理模式，使学生教育管理工作者注重统一式的管理，没有重视学生的个性发展。②高校当前的教育管理工作对管理的重视度明显高于服务，特征是偏好于经验管理，不主张民主管理，习惯借助制度来管理学生，忘记了应将学生作为主体看待，尤其是当教育管理者面临大量琐碎工作的时候，会习惯性地让学生听从直接的服从式管理，命令学生听从安排，并不能展现民主，但这种以问题手段管理工作的情况不仅有一定风险，还难以推动高校的发展。虽然他们实现了高校的短期利益，满足了学校的实际需求，但没有满足学生长远发展的条件。而且他们依旧遵循传统的教育观念，惯用事后管理模式开展工作，在学生面前往往秉持监管态度，认为其需要被纠正，对学生的管理工作只有事后处理，缺乏提前的预测和预防。正是受传统思想影响过深，导致高校教育管理工作的开展失去了本真认识。

（二）教育方法单一

现阶段高校负责教育管理的工作人员主要通过训导进行工作开展，仅告知学生哪些行为是允许的、哪些行为是禁止的，长期运用训导对学生开展管理工作，很难激发学生的创造力。高校负责学生教育管理的工作仍在运用机械式的管理理念，习惯运用短期效果好的严惩手段，导致堵截方式的管理频繁出现在学生管理的工作中。所有的堵截方式常用于事后的补救工作和严惩工作中，这一方式的出现也意味着已经发生了问题，预期目标难以实现，学生教育管理工作成本变大。

传统的教育管理方法一般采用两种方法：第一种是用"命令式"的方法，教育者以开会的形式向大学生传达学校的各种精神和规章制度，以求达到教育目的，但是新时期下的大学生崇尚自由，不喜欢被约束，教育者以信息优势者的角色"居高临下"地告诉大学生"该做什么，不该做什么"，这不仅会引起当代大学生的反感，还会使大学生对学校产生误解；第二种是用"灌输式"的方法，教育者以灌输的方法向大学生强加各种道德规范和教育信息，忽视大学生自主思考的能力，但是新时期具有信息内容丰富、信息获取便捷等优势，使大学生接触微博、抖音等媒体的时间远远大于大学生接受灌输教育的时间，而种类繁多的新兴媒体中充斥着良莠不齐的信息，容易使大学生树立不正确的思想观念和价值观念，严重阻碍了高校学生教育管理的实效性。劳伦斯·柯尔伯格（Lawrence Kohlberg）曾指出灌输不属于教授道德的方法，也不属于道德的教学方法。高校教育管理工作者将社会规范与标准完全灌注给学生，会影响其个性的发展，因为他们正处于有接近成熟的阶段，一味地灌输不仅达不到预期目标，还会对学生的全面发展产生消极作用，因此高校的学生教育管理工作运用相对较老的方法是无法最大限度地激发学生的潜能和创新，进而对学生的全面成长没有产生积极作用，直接导致其无法符合新环境的需求。

（三）教育机制不健全

现阶段高校对学生教育管理工作的内容并不明确，导致教育管理机制尚不完善。在新时期发展及其衍生产品的影响下，时代发展对高校的思想政治教育工作有不同的需求，尚不完善的管理机制直接导致高校的教育难以满足时代发展的需求。新时期技术和相关产品的发展，大大增加了互联网对学生的影响力，这种影响从各方面渗透进学生的生活，包括思想和行为等。近年随着西方意识形态与资本主义思想等各种多元文化在社会环境中传播，互联网信息也不再只是积极向上的内容，很多暴力和色情的信息在网络传播，同一社会新闻的不同报道也会将各种意识形态直接展示在学生面前，这就让高校学生极易迷失在网络各种信息和舆论中，他们的思想观念同时也会受到负面影响，这一系列现象的杜绝需要相关部门提高监管能力。此外，现阶段以思想政治教育为主题的网站也存在部分消极言论，甚至是反动言论，而且这样的网站数量还不少，这样的言论同时还出现在部分高校的官方网站中，一些主题文化网站能看到不少这样的言论和消息，这一系列现象的出现表明，当前的网络监管制度依然存在问题，说明现阶段的教育监管机制有待完善。

（四）教育网络平台建设滞后

在新时期技术的影响下，高校的教育管理者应该时刻把握相关网络领域的主导权和话语权。国务院明确提倡主动在网络上拥有教育管理的新领域，构建多功能的主题教育网站或网页，同时具有思想性、知识性以及趣味性的服务功能，让网络变成教育管理工作开展的主要方式。新时期技术的影响，让众多平台的思维模式和社会所有领域的运营方式都发生变化。现阶段部分高校还未充分利用新时期的优势，未建立自身的线上平台，或者是建立的平台没有推动教育管理工作，其工作与网络技术的优势没有完全融合。

成功的线上平台应该可以满足师生的多种沟通需求，能够实时互动，且对信息有一定的开发性。现阶段师生沟通的方式单一，更多的是通过单向的方式进行沟通，以分享方式进行互动学习，他们无法实时传递出自身的需求，也无法收到高时效性的反馈，这对高校学生工作发展有一定的消极作用，这种作用主要体现在以下 3 个方面。

第一，高校与外部环境未有效衔接。新时期技术的发展，让网络也成了高校学生教育管理工作外部环境的一部分，外部环境还包括家庭和社会等。但是现阶段教育系统将学生教育管理工作主要安排给高校，过分强调了高校的作用，没有重视家庭、社会以及网络等对学生教育管理的功能，直接导致地方高校学生教育管理的脱节，也没有协同进行教育管理，未能形成全方位、多层次、多渠道的社会整体协调的高校学生教育管理体系。

第二，未充分运用教育管理网络平台。现阶段地方高校在开展教育管理工作时，没有彻底发挥网络技术的优势，其运用的技术较少，也导致了高校学生教育管理无法建设真正意义上的开放交流实时沟通平台，从而使师生之间的交流存在障碍与困难。由于部分高校工作人员没有足够关注网络平台的资源整合，无法将单个目标的情况与专业特点、国情、校院的情况联系在一起，也未将互联网思维和技术深入到实际工作中，这也导致部分高校平台在建立后没有达到预期的交流效果，也不具有高校自身的专业特性，降低了高校教育管理的质量，没有通过"互联网＋"技术让学生的教育管理具有较高的实效性。

第三，网络平台教育效果不显著。当前地方高校在网络阵地没有树立较高的公信力，将会使网络平台缺少一定的引导作用，而学生的教育管理工作也很难在网络上收获成果，负责教育管理的工作人员不能实时掌握学生的动向，便无法对学生行为做出预判并给予一定的引导，进行个性化的教育。因此网络平台上的教育成果对地方高校学生教育管理工作的开展有较高的影响，教育管理者难以准确开展具有针对性的工作，也无法及时对学生的网络行为给予一定的思想政治教育。网络平台思想政治教育成果的微小效果会直接影响学生的注意力转移，转移到了其他平台上，这会反过来减少高校自身平台对学生的影响力和引领力。当学生开始将注意力转移到更具有互动性的实时平台上，高校很难控制这些平台不掺杂有不良信息，这也是新时期技术发展给高校教育管理工作带来的新挑战。

（五）教育队伍的专业化能力有待提升

高校学生教育管理者的素质能够直接影响其工作的效果，好的师资是产生好教育的基础。现阶段我国正在贯彻素质教育，对高校教育管理队伍的能力具有较高要求，而地方高校负责教育管理工作的人员配置尚不完善，导致教育管理者较难符合新时期发展带来的工作需求。例如，负责学生教育管理工作的政治辅导员，对学生的管理意识远大于服务意识，工作模式只是单向传递消息，并没有主动了解学生的特征，也没有根据学生的个体差异运用不同的教育形式。导致这一现象的原因是辅导员的来源较为多元，其中部分辅导员在上岗前没有系统学习相关技能，还有一部分辅导员工作经历较少，在工作中运用理论的能力较弱，专业能力较低。在新时期发展带来的环境变化中，辅导员难以迅速抓取有效信息，引领能力较弱，很难及时引导学生向上的价值观。地方高校学生教育管理工作压力相对高考升学而言较低，但其工作内容较为重要，其教育成果直接影响是否能为社会主义现代化建设输送高素质的专业人才，因此地方高校学生教育管理者应该持续提高专业能力来适应时代发展的需求。

新时期我国诸多高校的学生教育管理队伍还存在以下不足：①高校领导对学

生教育管理队伍的重视不足,对其培养的力度、考核力度以及资金、人力、物力的投入远远小于对专业学科队伍建设的力度,导致教育管理队伍的素质跟不上新时期对教育管理队伍提出的要求,影响了新时期高校学生教育管理工作开展的针对性;②教育管理队伍的互联网技能有限,解决不了日常教育管理过程中出现的业务问题,以及大学生时常提出新鲜的网络新词语,教育者常常闻所未闻、见未所见,严重影响了教育者在大学生心目中的形象,不利于高校学生教育管理工作的开展。

三、高校学生教育存在问题的原因

(一)学生自身原因

独立性是大学生综合素质一项重要体现。"00后"学生大多喜欢独立思考,处理问题果断,不希望别人干涉自己的决定;同时,他们知识结构水平较高,维权意识强烈;熟悉基本法律常识,能够规范自己的行为和习惯。但是,大多数学生还没有树立牢固的自律意识,面临新时期出现的各种负面思想的冲击,表现为自制力缺乏,自控能力严重不足。学生学习努力,成绩较好,综合素质较高,但多为独生子女,较少接受劳动教育,加上学习生活的网络化,容易造成学生的假性成熟,渐渐以自我为中心、认知情绪化,对网络、社会不良信息和诱惑的鉴别能力不足。

大学生处于"三观"发展和成熟的关键期,很容易受海量信息中多重价值观的影响。在人际交往方面,由于情感和意志不稳定,过度使用新媒体,从而较多依赖网络,在虚拟世界找到自我满足感,造成现实生活中的社会交际能力下降。

(二)学校教育的影响

现阶段一部分高校依旧以传统的命令式理念工作,在这样理念下开展学生的教育管理工作,不仅容易让相关人员忽视人文关怀,工作中还会显现出一定的强制性,进而降低了管理工作的服务性。以这样的理念开展管理学生工作,容易带来工作内容不明确和针对性低的结果,工作模式显现出较低的完整性,以及较低的管理思想和能力,教育管理工作目标的设立存在形式化,与学生的互动性较低,在开展工作过程中缺乏灵活性。

在传统理念下进行教育管理工作的决策时,工作计划可能没有量化的标准,计划内容较为笼统,直接导致后续评估工作的困难,并且工作计划自身的长效性较低,更偏好于近期任务。在传统高校学生教育管理工作中,其管理机制呈单边直线式且不完整,主要依据校党委、团委以及行政学工等部门的单向管理推进工作，直接影响管理机制运行的流畅度。在传统的高校学生教育管理中，高校在约束学生行为规范时，是以一系列规章制度的强行约束为主，以学生自身的道德自律约束为辅，通过内外作用同时约束。但在新时期发展的影响下，传统的约束模式被网络的自由度破坏，其中规则制度的约束力因互联网管理漏洞的存在而减弱，因为网络给大学生带来很多虚拟感受，其多样和随意的特征更容易吸引大学生的注意力，但其隐匿性等属性容易导致教育管理的双方发生道德失范和责任弱化的行为，现阶段无法对大学生实现全面、彻底的有效管控。

（三）社会环境的影响

社会经济的发展让我国各领域的发展都有较大变化，而互联网技术让社会进入信息爆炸的状态。现阶段高校学生接触到的观念越来越多元，大量不同的思想会对其价值观造成一定的影响，甚至造成疑惑。其中较为明显的是市场经济出现多元的所有制情况，产生了多元的利益对象，大学生在消费过程中也会形成多种不同的价值取向，由于大学生在社会中生活，不可避免受社会环境影响，部分社会矛盾和突发事件能直接让他们对固有价值观产生怀疑，但也无法短时间内建立新的价值观。此外，近年许多西方价值观传播到我国，让大学生在看到多元文化的同时，也很容易受到利己主义、道德失范以及行为扭曲等不良思想的影响。因此，在多元的社会环境中，地方高校面对着如何引导大学生建立多元价值观的挑战。相对于传统媒介较高的可控性，网络媒介以及新媒体传播的管控成本高、难度大，其传播的信息多样且开放，学生通过它们可以接收大量的信息，但是一些消极的信息会提升高校开展教育管理的难度，因为不是所有大学生都具有成熟的价值观。

第二节　高校学生管理现状

一、高校学生管理现状

（一）德育管理现状

高校学生的德育教育将直接影响高校的发展。当前高校学生的思想政治主流是积极健康的，绝大部分学生思想端正、积极、上进心强、紧跟时代的步伐，但也有一小部分的学生存在着思想认识问题。

当前，为做好大学生思想政治教育，大多数高校建立了以党政为领导、以六支队伍为主体的工作体系，在领导体制上实行"三个层次"，在管理运行上配备"六支队伍"。在现阶段高校学生思想政治教育管理中，绝大部分学生思想活跃，但对深层次、复杂性问题缺乏本质上的认识。针对这种现象，政治辅导员应加强学生思想政治教育，引导学生正确认识党的路线、方针、政策，关心党和国家大事，拥护共产党的领导。

（二）学籍档案管理现状

学籍档案是记录学生从入学到毕业整个培养过程的重要依据，为保证每个学生的学籍档案信息准确、无误，我国高校在档案管理方面做了大量的工作。通过大量调研发现，很多高校对学籍档案的重视程度仍然不足。

1. 信息变更频繁

高校学生档案主要是由高校档案室集中管理，而从学生资格审查合格及正式注册学籍开始，相关部门便开始对每位学生的成长历程进行完整的记录，这一过程具有分散性、间断性、专属性的特点。而每个学生在整个大学期间均有档案变动的可能性，如个别新生转专业、因事休学、学生跳降级等系列变动，这些均需要相关人员在每次变更时进行对应的操作。

随着国家鼓励在校大学生参军入伍、创业等一系列政策的出台，在校学生学籍异动越来越多。由于人力和权限限制，相关部门的办事效率较低。例如，学生学籍异动由学校教务部门学籍管理科负责，学生在办理时，先到学籍管理科做好记录并拿到相应业务流程单，到相应部门办理相关手续后，将手续办结的流程单返回学籍管理科存档。由于信息化水平不算太高，信息管理系统还不足够完善，致使办理学籍异动时至多同时只办理一位同学，多人只能依次进行，而无法做到同时办理，给学生造成流程繁复的体验，降低了学生满意度。

2. 传统的档案存储方式

目前多数高校学生档案仍以纸质档案为主。学生档案应是完整、正确、及时地反映学生在校全部表现的档案，由于未对档案内容填写做出强制性规范，个别新生不以为意，填写档案信息卡片时填写规范往往被学生直接忽视。高校学生档案是日后人事档案的前身，因个别信息填写的不规范往往会导致后续一系列问题的发生。

按照目前的方式，在管理过程中造成问题后，学生是无法立即发现的，只能在毕业信息确认时，才会发现问题，进而在毕业学期处理档案信息失真的相关问题。因记入档案的材料保存的时效性以及材料保管方式的多样性，极易造成学生相关信息的支撑材料遗失，时间久了则难以提供原来的支撑材料，造成学生部分档案不能体现真实性。

高校学生档案中记录着学生的健康状况、学习情况及奖惩情况，但目前许多高校学生档案仍以纸质档案为主。通常将纸质档案放在档案袋中，并由档案管理人员集中放于档案室中管理。这样的档案存储方式并不利于学生寻找自己的档案，因为需要花费较多的时间和精力，且易出现信息丢失的问题。即便这样的储存方式可以防止信息被篡改，但实际上存在较大风险，主要体现在以下 3 个方面：一是因为纸质档案容易受到环境的影响，如潮湿、虫咬等，不利于档案的正常使用，也不利于保证学生档案的准确性；二是因为纸质档案整理费时、费力，在整理过程中容易出现档案丢失，且档案本身也有一定的页数限制，所以能够记录的信息也较为笼统，并不能准确地反映出学生在校期间的详细情况；三是因为在纸质档案管理过程中，对于其中存在的问题无法立即发现，往往是在学生毕业进行信息确认时才会发现，进而导致学生档案信息失真。

3. 不完善的档案管理机制

当前高校学生档案管理工作中普遍存在管理机制不完善的问题。具体表现在以下两个方面：一是缺乏明确的管理制度，使得各院系的学生档案处于分散管理的状态，加之档案管理人员通常由高校其他老师兼任，并非是专业的管理人才，这样在实际工作中难免就会有失误，进而造成学生档案资料失真，缺乏有效性和及时性；二是由于缺乏完善的档案管理制度，使得学生档案在书写内容、格式等方面没有统一的标准，结果导致学生档案交接时需要多次进行材料修订，不仅浪费学生的时间，还会降低办事效率。

4. 学籍档案的信息化管理

近年来随着高校档案数量的不断增加，许多高校配备了先进的档案信息化设备。但就实际情况来看，档案利用存在滞后性，并没有真正发挥出档案管理的作用。如在学生入学前，教师可根据学生档案来了解学生，但由于信息化程度不足，使得教师不能及时对学生档案进行查阅；又比如，学生在毕业时面临着档案提取困难、流程手续复杂等难题，且高校毕业生只有在企业签订就业协议后才会将学生档案寄出，但因为档案信息的滞后性导致其无法为企业提供有效的信息参考。

信息化是时代潮流，势不可当。在妥善保存原始纸质凭证的同时，要注意利用数字信息化系统，建立学籍管理智能化系统。在学籍管理智能化系统中，学生可以进行自助式学籍注册、学籍异动操作，管理端也可以进行实时监控管理，为保密等级不高的信息发布与交流提供一个有效场所，也为保密性比较高的信息提供备份平台，而学生也能借此及时获知自己的发展动态，其中数据可供学校权限较高者调取以分析学生情况。

学籍档案的具体流程包括以下几步：①报到注册。学籍注册是学生入学时必经的手续，通过学生学籍管理一体化系统，学生先用校园一卡通或者输入学号密码进入系统，密码默认设置为学生身份证后六位，选中自助学籍注册板块，接着跟随系统提示即可进行身份识别，学生将身份证置于扫描区，系统进行信息筛查，筛查内容包括是否已录取、是否重复注册等，提示登录成功的同时，系统开启实时录像，学生按下指纹以辨别操作是否为本人，并将学生证放在相应区域内进行注册盖章。②学籍异动的一体化管理。学籍异动管理由教务部门主导，其他部门及各个学院配合辅助审核及登记，以教务部为第一级管理，通过学生学籍管理一体化系统自助终端提交申请，持相关证明到各个辅助办理部门进行第二级别的异动，异动也可由学生本人在系统中线上申请并由相关部门线上审批。学籍管理人员在系统中可利用其中数据可进行导入导出、登记查询、单据打印、报表统计、到期提醒等系列操作。通过一体化管理系统实现归档材料的统一归档，提高了学籍管理的信息化程度。③档案信息维护由档案管理人员负责，对学生在校期间各类奖惩信息进行有效登记并统一记入档案，待学生毕业离校后，按统一要求将学生档案整理并投递到用人单位，实现学生在校期间档案信息的标准化管理。

（三）安全管理现状

1.安全管理理念

目前，我国不少高校实施的安全管理方式以"事后动员类"为主，而摒弃"事先预防类"的安全管理类型。高校通常将把安全管理归到学生处或是保卫处等职能部门所负责的管辖事项之下，而缺少学校整体性认知与防范观念，甚至存在着侥幸的心理，并未对安全管理形成一种正确的评价观。显而易见，这样的安全管理理念存在着明显的弊端。因为"事后动员类"是针对已经产生的后果展开补救，已经对学校的安全产生了不良的影响，并且与"以人为本"的思想是背道而驰。同时，当校园发生安全事故之后，校方大多只是将其视为个案加以处理，且处理的方式仅仅形同于"关于×××的通知"或是"关于×××的办法"等一类的"处理准则"惯例来对学生提出要求。

正是受到这种错误思想的引导，无论是日常性的预防性措施，还是安全事故演练等方面，都未能落到实处，大多是一种形式主义。由于校方缺乏换位思考，高校的安全管理难以真正地凸显出学生理应具有的主体性地位，单纯将处理已经发生的安全问题视为安全管理的所有内容，缺少全程管理的统筹观念。

2. 交叉的管理层

当下，大多数高校实施的学生安全管理方案如下。学校设置学生处（或学工部），其职责在于组织并领导整所学校学生的相关工作，不同学院则通过主管学生工作的院级总支（副）书记与辅导员共同组建学生工作小组，其责任在于负责管理学生的具体内容。倘若发生安全方面的问题，则应马上处理好。有的大学临时性地组建工作小组。如此所形成的具有层级化的管理体系，会造成部分安全管理问题凸显，事务之间存在着重叠的现象，导致多头的管理问题。

3. 学生宿舍安全管理

高校学生宿舍是高校学生生活、学习、休息和课外活动的综合场所，同时也是高校内人口密集、青年聚集、活动频繁，社会十分关注的公共场所。随着社会的创新发展，高校学生的人数也在不断扩大，据全国教育事业统计，2020 年我国共有各级各类学校的在校学生人数达 2.89 亿人，高校学生宿舍人口保持着长期的高密性，这无疑增加了意外伤害事件以及危险危害事故的发生概率。目前，我国多数高校建校比较早，许多宿舍普遍存在设备老化问题，加上形成火灾三要素之一的可燃物堆积比较多，宿舍就成了极易发生火灾的场所，校园火灾的预防管理成为高校应急管理中的重中之重。除此之外，造成学生宿舍人员安全的事件仍多元化发生，事件屡见不鲜，但仍有许多学生缺乏对突发事件应对的认识，许多不恰当处理导致事件严重化，高校学生宿舍一旦发生重大突发性事件，必然会给学生、学校和社会带来不可挽回的重大损失，严重影响高校学生宿舍的稳定。从世界范畴来看，高校学生宿舍的应急管理包括对自然灾害（地震、洪水、龙卷风和飓风），恶劣气候，火灾，化学与危险品溢出，交通事故，学校枪击事件，炸弹危险，医学紧急事件，学生或教职员死亡（自杀、他杀、过失杀人和自然死亡），恐怖事件或战争等事件的预防和应对。结合我国的综合国情，我国相比国外高校的突发事件就比较单一，常见和主要的突发事件就是火灾，宿舍内起火的原因很多，学生私拉电线、使用大功率用电器、抽烟等，这些在我国高校宿舍都是常见的问题，许多高校对此进行了多次管控，但是管控的效果却适得其反。而且宿舍内的可燃物多，书本、衣物、被子、桌子甚至衣柜等都是可燃物，一旦高校宿舍发生火灾，这些可燃物燃烧猛烈，必然会给学生、学校带来不可估量的损失。

目前我国高校在学生宿舍安全管理中主要面临着以下问题。

（1）个别寝室存在脏、乱、差的现象。个人物品堆积成山，物品摆放不整齐，寝室的卫生死角不及时处理，阳台洗漱台堆满塑料瓶等。造成此原因的因素很多，学生在入校之前，家庭的教育中没有养成良好的个人生活习惯，造成个人卫生状况差，导致寝室内出现脏、乱、差的现状，这样的局面非常容易引发火灾并且助力火势的发展，不利于在火灾发生后的救援。

（2）学生心理问题。学生之间的沟通比较少，以自我为中心，严重缺乏同学之间的正常交流的意愿，并且个别同学沉迷于网络，沉迷网上玩游戏、手机游戏等。如果长期维持这样的现象，会直接导致学生心理健康缺陷，在生活与学习中容易丧失理智，导致人际冲突和矛盾的发生，做出出格的事情，甚至危害到其他人员的生命健康安全。

（3）学校宿舍配备的设施设备存在老化现象。据实地勘查，发现部分宿舍楼还是比较老式的装修，内部的设施架子床已经存在多数的生锈情况，床板仍然是多年前留下来的物件，很多出现了发霉、破碎的状态，宿舍内的灯管老化易发生漏电，许多学生的储物柜门板脱落，放在寝室内成了堆积物，桌子、板凳都是比较老旧的木质材料。如果这些老化的设备得不到及时清理或更换，便会成为宿舍内的危险源，一旦发生漏电，电击产生的火花就会引起物件的燃烧，从而导致火灾的发生，会给学生及学校带来不可估量的严重后果。

（4）宿舍内学生不安全行为的发生。个别寝室的网线、电线出现随意乱拉、乱牵的行为，甚至发现部分寝室使用大功率电器，出现严重的违纪违规的不安全行为的发生，有学生在寝室抽烟，使用明火，在寝室焚烧杂物，使用暖火炉烘烤衣物等，这些不安全的行为就是导致火灾事故发生的直接原因。校园宿舍的火灾事故，是高校安全预防与防治的重中之重。安全行为条例是高校应急管理中必要的管理行为条例，应该重视并有效的执行。

（5）学生安全意识薄弱。根据实地的调查访问，发现许多高校学生的自我安全防范意识与自我安全保护意识非常薄弱，这与学校的安全教育息息相关，学生在发生事故后不知如何应对，出现只会大喊大叫的行为，没有落实小事故自我救援、大事故寻求救援的理智行动，甚至有部分学生连灭火器摆放的位置都不清楚。小事故的应对不及时，这无疑会造成小事故向大事故转变，造成更大的损失。若火灾发生后，人员疏散不理智，可能会产生跳楼、踩踏事件的发生，造成学生的二次伤害。由此可见，学校的安全教育在学生的日常生活中起到非常重要的引导作用。教会学生事故预防，面对事故要采取正确的安全应急措施，是高校必须完成的一项重要任务。

（四）后勤管理现状

后勤管理通常涉及学生的衣、食、住、行的管理，随着高校扩招和学校办学规模的不断扩大，许多高校一方面对学生宿舍的需求量不断增加，另一方面，随着人们生活水平的提高，当前宿舍的软硬件设施跟不上时代的发展，使得高校学生宿舍管理陷入两难境地。

在现阶段高校后勤社会化，不是不要高校后勤，而是要把后勤搞得更好。我国高校的后勤改革，重在改革学校的运行机制、管理模式，最终是要转变办学模式，实现学校内部机制的良性循环。"社会化"是相对"学校化"而言的。"社会化"的意思是说今后凡是社会上能解决的事情，就让社会上去办，而不用过去的老办法。目前，我国大多数高校实现了高校后勤社会化。高校按市场经济规律运作，开放学校市场，允许社会上的人员、资金、技术、设备开发校内市场，这些经营者进入高校市场的主要目的是盈利，而学生在缴纳各种费用的同时也树立了教育投资意识，对学校教学生活条件有了更多更高的要求，这就使二者容易产生矛盾。比如，食堂被承包出去以后，承包人为了多赚钱，饭菜质量不高，价格却不低，师生意见很大。学生宿舍管理实行公寓化管理后，不同年级、不同专业不同班级的学生混合居住，就给学生管理工作带来了很大难度，以前按班级、院系管理的模式难以发挥应有的作用。一些公办高校后勤社会化的改革，主要是把原来的行政事业化的后勤部门公司化、市场化，与行政脱钩，减轻行政的管理以及财政上的负担，并精减一些不必要的冗余人员，但业已形成的后勤服务公司，大多是原来的后勤部门转换而来的，往往仍然是独家经营。这样一来，势必会形成后勤服务中的某种垄断现象，不利于服务功能的进一步发挥。在这种新的形势下，探索新的学生管理模式将是学生管理工作面临的新课题。

（五）就业管理现状

近几年来，有很大一部分高校开始面向市场办学，并有其鲜明的特色，学校所设的专业基本上符合市场的需求，尤其注重对制造业和服务业技能型人才的培养，学校非常重视他们的技能训练与实际操作，毕业生大多深受用人单位欢迎。因而学生就业率高，一般都在90%左右，最高达到98%。各校通过发展校内外"招聘会"，加强校企之间的合作伙伴关系，开拓各个经济发达区就业市场，极力推荐毕业生就业。各大高校都十分重视就业问题。在就业管理方面，各校普遍建立了就业工作领导小组及就业指导中心，下设职能部门，实行层层管理。

二、高校学生管理存在的问题

（一）管理思想较为落后

1. 重工作轻发展

高校的管理工作既包括了教育教学工作，还包括了学生的管理工作，然而实际上高校更加重视前者，而对后者予以忽视。人们一般将学校的质量与学校的教研成果、教学质量紧密联系起来，却忽视了学生工作，认为学生只要不出事就好了，缺乏对学生未来发展的重视。事实上，这种教育模式下培养出来的学生已经不再符合当今社会的用人需要了。有学者研究发现，当前的用人单位对人才的选拔，不仅注重人才的知识结构，还看重人才的团队协作意识以及职业道德、性格品质等，这些素质的培养不是仅靠教学工作就能完成的，而关键是在于高校在日常管理工作中，能否重视学生的未来发展。而现阶段很多院系的学生管理工作常常处于边缘化，并没有引起应有的重视。

2. 重管理轻教育

传统的学生管理工作模式是只重视学生的"管理"，而轻视管理的"教育"作用，有一部分管理工作者认为学生与教师之间的关系是一种"管理"与"被管理"的关系，认为学生的成绩好是因为管得好，导致在日常管理工作中，没有把学生当作一个独立个体去看待。这种管理方式无疑会让学生难以接受，从而产生抵制心理，最终效果适得其反。现如今，独生子女数量众多，大学生有着更加独特、鲜明的性格特征，在学校中，学生是渴望被尊重、获得独立成长的，所以管理工作者要适当转变传统观念，以"教育"为目的，发展学生的自我教育、自我管理以及自我服务意识，尊重对学生的个性化发展，树立"教育"意识，为学生的个性发展提供空间。

（二）管理能力尚有欠缺

在高校中从事学生管理工作的人员，主要有辅导员与专任教师，然而在实际中，两者在地位上存在显著的差别，专任教师的工作相对自由且时间比较充裕。而辅导员常常属于教育工作的辅助人员，有着服务学生的性质，往往时间并不宽裕，需要处理很多事情，导致很多辅导员无法全面顾及管理工作，或者有转岗意图，再加上每年都会有新的留校人员对学生管理工作队伍进行补充，辅导员流动性大，导致现阶段大学辅导员工作者普遍呈现年轻化的趋势。年轻的辅导员多为本科、硕士毕业就从事学生工作，缺乏相关的工作经验和理论功底，无法得心应手地做好学生工作，而相应资历较老的辅导员也没有发挥传帮带作用。尽管有的辅导员经过几年的磨砺已经能够从事辅导员工作了，但是存在不少人才流失现象和转岗现象，使得学校不得不重新招聘和培养，种种因素造就了高校中从事学生管理工作的人员能力欠缺的局面。

（三）管理制度存在漏洞

在高等教育改革的引导下，国内高校虽然大多都建立了相对完善的教育管理制度，但由于教育管理理念仍然比较落后，对学生管理的认知也存在偏差，因此管理制度仍然存在过于僵化的问题。例如，在学生管理制度上，学生行为守则等制度规范的内容多为行政化管理条令，只是对学生的学习行为、生活行为做出了强制性要求，而未对制度规定的原因、合理性做出明确解释，面对这些制度规定，学生很容易产生逆反心理，其执行效果自然也是比较差的。另外在教师管理方面，由于高校教师目前正处于比较紧缺的状态，因此很多高校为了"留住人才"，常常会实行过于宽松的管理制度，而在教师缺乏应有行为约束的情况下，教学质量同样会受到影响。

随着高等教育行政职能的扩大化，很多高校内部管理体制都加强了对大学生的行政干预，导致一些合并高校缺乏必要的自主权，偏离了培养人才和开展科学研究的基本职能。近年来，高校学生有着越来越强的自我意识与法律维权意识。然而，很多看似正常的事件也被牵涉其中，给学生管理工作带来了困难。比如，以往学校可以给违纪学生自行处分，随着一系列政策的颁布，学校在对其进行处罚的过程中，会受到各种因素的干扰，导致学生的管理工作变得瞻前顾后、难以施展，这些都是管理制度的漏洞导致的。

（四）管理方式缺乏创新

长期以来，高校的学生管理工作都是采取的"家长式监督"管理，用灌输理念的方式实施管理教育，这种形式逐渐形成了我国特有的、符合传统价值观念的运作模式。虽然，这种管理方式在以往的高校管理工作中发挥了巨大的价值，然而，在我国高等教育进入"大众化"教育的今天，陈旧的管理模式已经不再适用于现在的大学生了，现代大学生更加注重自身的个性化发展，强调民主、平等的校园文化氛围。对此，学校的管理工作者必须要适时转变管理态度和工作方法，营造一种和谐的校园文化气氛，促进大学生的发展。

（五）管理资源配置不合理

高校教育管理工作的开展离不开各种教育管理资源的支持，如果缺少了教育资源作为基础支撑，那么无论使用任何管理手段，对管理方法、管理策略进行怎样的优化，都很难取得理想的教育管理效果。从目前来看，由于国内高校大多为公立学校，因此国家虽然在高校基础设施建设方面投入了大量的资金，各高校对于教育管理工作也十分重视，但由于财政资金比较有限，因此教育管理资源的配置仍然存在着很多不合理之处。例如，在一些国家重点高校、省级重点高校，每年国家及地方政府都会投入数十亿乃至上百亿的资金作为教育经费，而这些高校的图书馆、学生宿舍、科研仪器也都是比较完善的，在完善基础设施的支持下，学校教育管理工作的开展自然会比较容易。但对于其他非重点高校来说，由于国家资金投入较少，因此即便高校对招生规模进行了控制，部分高校也仍然会出现授课教室紧缺、科研仪器老旧、学生宿舍条件差等现象，而在学生对学习、生活条件不满的情况下，高校教育管理工作自然也就很难开展下去。

（六）管理评价机制不完善

与竞争激烈、考核严格的高考相比，高校的学生评价机制往往显得过于轻松、简单，学生只需要修满学分，就可以正常毕业。在这种过度宽松的考核评价机制下，学生通常会将主要精力放在娱乐、享受而非学习上，长期下来，自然就会出现学习成绩较差、能力素质不足的情况，这对于高校教育管理工作来说，是非常值得反思的。

三、高校学生管理的影响因素

（一）学校因素

现在社会上流行着一种"上了大学就轻松了""考上大学就能每天玩"的观念，导致很多大学生在高考之前，就将考上大学作为最终目标，以为只要实现了这个目标就能一帆风顺了。而当他们考上大学之后，却失去了新的人生目标，常常处于一种茫然状态，不知道上大学的意义是什么，甚至还有一些学生因为高考失利就失去了生活的信心。这时，就需要一种力量去指导、鞭策他们。事实上，相当一部分大学都缺乏相应的激励机制，导致学生没能看到"努力学习"和"不学习"的差别，对参与集体活动缺乏积极性。尽管一些"奖学金"能够吸引一部分学生，但是并不能将那些思想不积极的学生带动起来，大学生中呈现一种"优等生"与"差等生"差距越来越大的现状。因此，高校应该加强激励机制的建立，完善学生管理制度，帮助学生树立目标意识，从而调动其学习积极性。

（二）家庭因素

随着人们物质生活水平的大幅度提高，很多家庭都将重心放在了孩子的教育上，而"90后""00后"这一代得益于计划生育，几乎是集万千宠爱于一身，过着衣食无忧的生活。据调查，在高校中独生子女数量占到了将近2/3，并且逐年增长，父母对孩子的期望也是前所未有的，主要有以下几点家庭因素给高校的大学生管理工作造成影响：①学生自我意识强烈，在校园中常常我行我素，不方便组织管理；②互助性差，依赖性强，没有相应的互助环境，多是依靠父母解决问题，导致了他们在生活和学习上形成了较强的依赖性；③承受压力的能力较差，很多对学生在当前的管理工作中有着较差的抗压能力，对此传统的管理办法不再适用于现阶段学生，必须寻求新的教育管理理念。

（三）学生个人因素

在衡量个人价值观念的调查中，多数大学生认为人格的高尚和对社会的贡献度最为重要，极少的人选择社会地位高的选项，说明了当代大学生主流价值观还是积极向上的。然而，当代大学生较以往的学生而言，还是存在一些差别，比如当代大学生相对缺乏对政治时事的关心，对一些"两课"科目或者非专业学科的学习热情不大，网络的发达，使得大学生更加喜欢在网络上获取娱乐化的新闻，而较少关心时事热点的新闻。"90""00"年代的大学生，有着鲜明的个性特点，这些也给高校管理带来一些困难，学生的学习缺乏目标意识，物质生活的极大丰富一定程度上让大学生更加关注于个人，而非集体，学生对个人社会价值从"前途""成才"等变成对工资、奖金的条件要求。所以，学校应该加强思想教育工作，宣传正确的价值观，促进大学生思想、行为的健康发展。

四、学生管理存在问题的原因

（一）管理者对学生管理工作认识不足

高校学生管理需管理人员为把动态管理理念作为工作重点，做好动态管理是优化高校学生管理的必要条件。如果高校管理人员对动态管理理念不重视，依然遵循旧的管理模式，就很难做好高校的学生管理工作。这样因循守旧的思想，不利于优化高校的学生管理，不能与时俱进。我国高校在发展过程中积累了不少丰富的管理经验，也有一套比较适合自己的管理模式。然而，高校办学期间仍然面临着一些重要问题。例如，学生教育管理模式落后，学生思政教育体系尚不完善，两者之间没有充分结合在一起。倘若高校管理思想落伍，只是埋头苦干，不汲取优秀学校的成功经验，对当前的社会发展形势认识不清，很多工作开展得也不到位，学校很容易进入封闭发展的时期。从其他角度上讲，绝大部分教师只注重上课，很少注意与学生之间的学术交流，造成师生关系淡化。所以，教师应重视与学生的交流，通过课间辅导或家访的形式推进与学生之间的交流，第一时间了解学生学习中存在的不足，从而使教学更加具有针对性，既提高了自身的教学水平又提高了教学效率，更好地推进教书育人的理念。并且，在教师绩效考核中纳入师生关系考评，强化教师教学责任。所以，高校应掌握动态管理理念，对自身学生管理工作做好及时调整，强调建设以学生为中心的高校管理模式。

（二）管理者对管理对象认识不足

1990 年后，很多大学生都是家里的独生子女，他们深受父母疼爱，家庭条件好，几乎没有吃过苦，自理能力差，心理承受能力弱，面对困难，容易产生畏难心理。因而，学生入校后就要独自学习和生活，加上学习压力大，深感学校环境生疏，难免形成自闭心理。从而形成孤僻的性格，不善于交流，需要教师的爱护和关心。目前高校在学生管理方面还是存在这样那样的问题，如学生管理团队很难实现深入管理。目前，我国互联网迅速发展，学生的思想很容易受到网络思想影响。另外，市场经济不断推广的一些不良消费思想，对学生的成长都是非常不利的，学生的人生价值观容易出现问题，加重了学校学生管理工作的负担。同时，有些学生管理工作者不注意创新，工作方法落后，管理理念已经跟不上时代的发展，只是采用强制手段管理学生，学生难免产生抵触情绪，致使学生的身心发展被忽略。此外，太多高校的学生工作管理只是为了应付上级，采用行政化的管理方式，学生并不了解学校的相关政策，这样是不利于学生管理的。这样的形式主义对培养优秀的学生极为不利，不利于学生养成明辨是非的能力，更不利于学生养成自主分析问题的习惯。高校学生管理者应改变思想转变思维，充分考虑学生的实际发展需求，坚持以学生为根本，这样才能实现良好的校园管理。

（三）学生住宿社会化改革不全面

对于多数大学生来说，大学期间一般都会住校，一住就是几年的时间，宿舍位置、宿舍环境等直接关系到学生的身心发育。鉴于此，学校应重视宿舍的建设。宿舍和教育区不可相隔太近，要保持一定距离，保证宿舍区的相对安静。要强调的是，宿舍和社会环境有所不同，宿舍主要是学生休息和住宿的地方，学生在宿舍所做的事情大同小异，养成的思想观念趋于一致，同宿舍学生之间还能互相影响，有利于"三观"的塑造。对于高校而言，学生多是"三观"尚未完全定型的大学生，但对世界对生活有个人的想法，不仅存在被动学习的情况，也有主动的一面。学校教育环节直接关系到学生后续的发展，校园文化是影响学生心志及"三观"的关键要素之一。若是住宿环境有所调整，对应的教学效果也会随之变化。住宿环境是管理范畴中不可忽视的一项，施行住宿社会化改革可以减轻办学资金上的负担，可集中各种资源放在教学上，但学生管理起来会更难一些。从投资角度分析，有两种方式建设学校宿舍：一是结合学校的发展计划，建设校舍所需资金统筹进学校的成本支出中，由学校出资建设；二是吸引社会资方投入资金。根据相关的计划做校舍的招投标工作，鼓励和引导更多社会资方入股，提供校舍建设资金。学生住校需交钱，投资人是宿舍的管理一方。学校与投资方按照约定及相关合同对校舍收入进行分配，此种方式固然能减少学校的资金负担，但在校舍管理中的话语权会大幅下降，难以对学生做到精细化管理。

（四）信息时代给高校管理带来挑战

各行各业的迅猛发展很大一部分原因得益于信息技术的革新，享受到信息技术迭代升级带来的红利，互联网与公众生活的融合度与日俱增。我国高校引入并应用互联网技术的时间比较早，早在 1990 年互联网所带来的便利性、交互性、学习性等均有所显现。当下不少青年人以互联网为媒介，获取所需的知识及资料，还有很多线上教育平台，如百度教育、中国大学 MOOC "爱课程"等。依托互联网技术而崛起，受此影响公众及学生的思维方式及行为理念也会有所变化。最重要的一点是，当下这种教育框架下，教育管理工作就要顺势而动，必然要迎接新的挑战和新任务。传统的学生管理模式下，管理者和学生之间信息不对等，前者可以提前获悉比后者更多、更详细的信息，所以拥有的话语权更多，两者之间并非是平等的对话。由于互联网的普及，互联网成为大部分学生查询资料及获取信息的主要渠道，管理者和学生之间信息不对等的情况有所好转，管理者的话语权降低。不可否认的是，有些高校管理者尚未紧跟市场和时代变化，运用先进的网络信息技术来优化本校的管理，提高本校的教育水平。互联网其实可以作为输出教育的跳板，如开展线上微课、进行网络信息传播等，有利于潜移默化地影响学生的思想。但不少学校在网络教育板块尚未有建树。高校所面临的具体工作对象是大学生，此类群体由于自身文化水平较高，头脑灵活，最主要的是对世界和社会有很强的探索欲望，学习能力和转化能力较为突出。但不足在于三观尚未完全定型，对世界和社会的判断能力还不够成熟，长时间沉浸在网络信息中可能会被错误的思想和言论误导和带偏，不利于大学生的长远发展。互联网是科技发展所带来的红利，各种思想言论充斥在其中，一方面能够开阔学生的眼界和格局，但另一方面需要大学生明辨是非，这需要学校的引导。

第三章　新时期高校学生思想政治教育

新时期高校学生担负着建设中国特色社会主义和实现中华民族伟大复兴的责任与使命。其中，思想政治教育工作具有良好的示范推动作用，有助于提高学生的思想政治水平。基于此，本章分为学生思想政治教育的内容、学生思想政治教育的原则、学生思想政治教育的方法、学生思想政治教育的途径四部分。主要内容包括传统美德教育、爱国主义教育、理想信念教育、道德规范教育等方面。

第一节　学生思想政治教育的内容

一、传统美德教育

（一）自强不息教育

"自强不息"这个词语最早出现在《周易》中："天行健，君子以自强不息"，它是从我国古代"天人合一"的宇宙观和朴素的人文思想中孕育发展出来的人民群众的心理素质和精神状态，它根植于中华民族的文化传统之中，是中华儿女发愤图强，自立于世界民族之林，实现民族伟大复兴的精神动力。从历史角度来看，人类的发展与文明的进步是永远不会终结的；而人对自然和社会发展的认识，以及在此基础上形成的永无止境的向上努力、自重自信自强的精神，成了最能适应现代社会发展需要的民族精神的突出表现。对大学生进行自强不息教育的目的，就是要使大学生志存高远、刚健有为、不怕困难、积极向上、奋发图强。

（二）忧患自省教育

忧患意识可以说是一种责任意识，它是个体履行应当承担的社会责任并努力维护社会正常运行的信念和意志。这种意识是个体在社会分化和社会整合中必须拥有的，要求人们在市场经济发展过程中敢于承担风险、敢于再创辉煌，把国家、民族的生存发展放在心上，还要求他们树立以天下为己任的历史使命感，维护国内安定、发展、团结、进步的稳定局面，保持积极进取、艰苦奋斗的昂扬斗志，以自身的行动去实现社会发展和民族振兴。

中华民族的优良传统远远不止这些，物物相依的集体精神、不畏强权的抗争精神，还有生生不息的变革精神、经世致用的实用精神、正道直行的廉洁精神、大公无私的奉献精神，等等，都是祖先遗留给我们的珍贵的精神财富，加强对大学生进行这些中华民族的优良传统精神教育，会在不同的层次、不同的侧面锻炼他们的意志，完善他们的人格，提升他们的精神境界。

（三）中国革命传统教育

中国革命传统主要是指中国共产党在领导中国人民进行长期的革命斗争的过程中产生的，并在我们党大力提倡和培植下形成并发展起来的事迹、思想、作风、道德、信仰等，它是共产党领导下的中国革命斗争实践的产物，是我党克敌制胜的传家宝，这一优良传统有着极其丰富的内容，具体如下。

第一，中国革命历史和革命者英勇奋斗的事迹是革命传统教育的基础。革命者的事迹、中国革命的历程虽然不能直接等同于革命传统，但却是革命传统的载体，是进行革命传统教育的基础。

第二，中国革命产生和形成的思想、道德和作风，不仅是属于精神上或者是思想意识上的，还是革命传统精神教育的核心和重点内容。

第三，在中国革命中形成和确立的纪律和制度，也是革命传统教育的重要内容。在高校进行革命传统教育的过程中，要结合不同的形式，依靠不同的载体，培育和强化大学生追求真理、矢志不移的奋斗精神；全心全意为人民服务、甘为孺子牛的公仆精神；大公无私、先人后己的牺牲精神；紧紧依靠群众、永不脱离人民的团结精神；不唯书、不唯上，一切从实际出发的求实精神；勇于自我批评、严于解剖自己的自律精神；等等。通过这些革命传统的教育，使大学生的思想境界得到升华和净化，促使他们成为一个高尚的人，一个有道德的人，一个有益于人民的人，并在奋斗、奉献中使自己的人生价值得到升华和实现。

二、爱国主义教育

（一）爱国主义的内涵

现实生活中，人们常常把国家比喻成为自己的"母亲"，说明国家对自己的养育之情，说明国家像母亲一样可亲、可爱、可敬，值得我们为她付出生命。实际上国家的意义也正是像母亲一样，不论在一种什么样的文明里，国家始终都是这个文明群体共同的爱。

1. 爱国是人类文明的共通之处

爱国是人类社会发展到一定阶段的产物，伴随着国家的诞生而诞生，随着人类的消亡而消亡。远古社会中，人们的生产力低下，虽然时常遭受野兽的侵袭，但是人们通过一个族群就能保护自己。随着人们生产力的提高，生活资料有了可靠的来源，私有制就产生了，一个个族群开始宣布某种东西为自己所有。人们便开始了划地而居的生活。对于人类的生活而言，这无疑是一种进步。也是伴随着私有制的产生，国家开始诞生了。国家诞生之后，人们在一个地方生活久了，便对那里的一山一水、一草一木产生了强烈的眷恋之情。这种情感就是爱国主义的萌芽。

随着国家的发展，这种感情也在不断发展。人们将这种乡土感情逐渐上升为对国家和民族的关心与热爱，继而发展为维护国家利益和尊严而不惜牺牲一切的价值观念和道德准则。由此，爱国主义就彻底形成了。千百年来，人类社会出现了太多的爱国主义故事。

2. 爱国是华夏文明的永恒主题

爱国主义对于诞生在东方的中华文明来说也是一个重要的主题。在中华文明五千多年的历史积淀之中，爱国主义已经成为一种"最深厚"的感情。在当代中国看来，这种感情已经演化成为一种文化传统和普遍的社会心理，成为中国社会发展的重要价值规范，具体体现在以下3个方面。

（1）爱国主义是中华民族伟大的凝聚力。回顾中华民族漫长的历程，就会发现一个异常显著的历史特征，中国社会呈现出一个分久必合、合久必分的发展特点。从时间上看，分裂的时间远远小于统一的时间。统一在中国社会中才是主流，是社会发展的大趋势。中国人民渴望中国社会的和平与发展。无论是在哪一个时期，中华儿女都坚持发扬前赴后继、团结奋斗和自强不息的精神，把伟大的爱国主义精神演绎得淋漓尽致。正是从这个意义上，爱国主义是中华民族最伟大的凝聚力。

（2）爱国主义是高尚人格的具体体现。中国人在感情上历来把国家和民族的利益放在至高无上的地位。当国家和民族处于危难关头的时候，爱不爱国、能否坚持和国家民族同荣辱、共患难，就成了衡量一个人人格高下的重要标准。历史上，中国有很多故事都说明了这一点。西汉时期，苏武面临再多的折磨，也绝不示弱，绝不凌辱国家的尊严。他威武不屈、贫贱不移，始终不渝地忠于大汉王朝，保持了自己的节操与人格。历史上还有"深固难徙，更壹志兮"的屈原，"中流击楫"、矢志北伐的祖逖，"精忠报国"的民族英雄岳飞，"留取丹心照汗青"的文天祥，他们的思想和行为像日月经天、江河行地，流芳千古，成为我们后人学习的榜样。

（3）爱国主义必须坚持与时俱进。爱国主义是一个动态的概念，在不同的历史发展阶段应表现出不同的内容。毛泽东曾讲"爱国主义的具体内容，看在什么样的历史条件下来决定"。在当下，爱国主义必须做到以下几个方面的坚持。①爱国必须坚持走中国特色社会主义道路。当代中国，爱国主义是和社会主义统一的。只有坚持走社会主义道路，中国才会有光明的前途。这一点历史已经证明。我们要建设一个繁荣昌盛的中国，必须坚持走社会主义道路。②热爱祖国必须坚持继续解放思想、改革开放。在社会主义建设的和平时期，热爱祖国就是要加强社会主义建设，完善社会主义建设规律。而在当前社会发展之中，加强社会主义建设的根本目标就要解放思想，唯有解放思想，不断创新，我国社会主义建设事业才能不断取得新的胜利。在新的历史条件下，一个真正的爱国主义者必须坚持继续解放思想、改革开放，从思想观念上破除一切障碍，立足本国、面向世界、大胆探索、改革创新，使我国的现代化建立在吸收和利用世界一切先进文明成果的基础之上。③热爱祖国必须坚持热爱中国共产党。爱国并不是一个抽象的概念，包含了丰富的内容。我国是一个工人阶级领导的、以工农联盟为基础的人民民主专政的社会主义国家。热爱祖国、热爱中国共产党、热爱中国特色社会主义制度是"三位一体"的。中国共产党是中国社会建设的主要领导者，是党的工作不断带领中国社会走向了富强。在新时期以来，党不断加强自律，坚持进行自身建设，推动党的建设进入一个新的高度。

（二）新时期爱国主义的根本任务

1.培养民族意识，增强国家观念

和平与发展是当今国际社会的两个重要主题。生产贸易、资本人才流动的全球化社会，已经使国与国的界限逐渐被打破，世界各国间的经贸活动越来越多。在这种情况下，人们的全球意识逐渐增强，淡化了国家和民族意识。抓住机遇、趋利避害、加快发展，捍卫国家主权和利益，实现中华民族伟大复兴，是当代爱国主义的时代要求。

经济全球化为发展中国家的发展带来了一定的条件和契机，也为西方发达国家通过多种渠道对发展中国家进行干预带来了一定的条件。发展中国家对此要保持一定的警示态度。对于那些民族国家意识"过时论""主权淡化论"，打着"人权"旗号的外交论调要保持警醒。

经济全球化过程中，民族国家的界限并没有消亡，反而在一定范围、一定程度上更加突出。一个国家只有坚持自己的主权与利益，才能在经济全球化进程中推动本国经济发展，最终摆脱依附和落后的境遇。

2. 实现中华民族伟大复兴的中国梦

当前的国际社会与经济发展形势，为我国赢得了难得的社会发展机遇期。在这个时期，我国社会发展的一个主要目标就是实现中华民族伟大复兴的中国梦。

"中国梦"是我国社会发展方向的集中表述，是一个国家的梦，同时也是亿万中华儿女的梦。在社会实践中，这个梦就是要实现中国社会的不断发展。作为大学生，要有自己的梦，要能够用自己的实际行动实现自己的梦。作为一个爱国的大学生，应主动把自己的梦同中华民族伟大复兴的梦联系起来，用"小我成就大我"。

三、理想信念教育

大学生是青年人的代表，是青年中拥有现代科学知识的群体，是建设社会主义现代化国家的中坚力量。大学生的成长成才离不开正确的个人理想信念的确立和社会理想信念的指引。只有有了理想信念的支持，大学生才能在国际社会纷繁复杂的环境中保持正确的政治方向，才能不断地激发出更多的建设热情，才能更好地为社会发展贡献力量。在我国现阶段，建设中国特色社会主义，把我国建设成为富强、民主、文明、和谐的社会主义现代化国家是我国各族人民的共同理想，实现共产主义是最高理想。而中国特色社会主义共同理想和共产主义最高理想的确立建立在马克思主义对人类社会一般规律的认识和把握基础上，要使大学生深刻认识共同理想和最高理想，必须学习马克思主义基本理论，坚定马克思主义信念。

（一）共产主义理想与马克思主义理论教育

共产主义理想是共产党人的最高理想。《共产党宣言》是国际共产主义运动的第一个纲领性文献，它勾勒出共产党人憧憬的美好社会蓝图，马克思所描绘的共产主义是自由的，共产主义并不剥夺任何人占有社会产品的权利，它只剥夺利用这种占有去奴役他人劳动的权利。

在共产主义社会里，每个人都能够有尊严、有理想、有自由地活着，每个人都能实现人的全面自由发展。马克思主义在深刻认识人类社会发展规律的基础上，揭示了人类社会走向共产主义的历史必然性。共产主义理想教育是我们一直以来坚持的科学理想信念教育。因此，新时期大学生理想信念教育也应继续坚持和发扬共产主义远大理想教育。

马克思主义是我们党和国家发展建设的指导思想，理想信念只有建立在马克思主义理论的基础上，才是正确和科学的理想信念。新时期大学生理想信念教育应继续坚持马克思主义理论教育，引导大学生树立正确的理想信念，增强大学生明辨是非的能力和解决实际问题的能力，帮助他们形成马克思主义的世界观和方法论，从而坚定正确的政治方向。在市场经济快速发展的新时期，必须加强对大学生的马克思主义理论教育，使大学生坚定社会主义的理想信念。

（二）新时期中国特色社会主义思想教育

新时期我们在继承共产主义教育的基础上，还应坚持习近平新时代中国特色社会主义思想理论教育，贯彻落实"四个自信"。习近平总书记提出："要坚定共产主义远大理想和中国特色社会主义共同理想。"明确指出新时代我们要加强中国特色社会主义思想的理想信念教育，习近平新时代中国特色社会主义思想开辟了马克思主义新境界，对推进事业发展提出了新理念和新战略，具有强烈的时代气息。祖国的未来和民族的希望都寄托在当代大学生的身上，加强习近平新时代中国特色社会主义思想教育可以使大学生的理想信念更加的充实和饱满。新时期大学生理想信念不是一朝一夕就能形成的，是需要有一定的理论依据，经过社会实践，不断地修改深化，不断完善并与时俱进而确立的，这个理论依据就是习近平新时代中国特色社会主义思想。

习近平总书记在十九大报告中强调，"坚定道路自信、理论自信、制度自信、文化自信"，这不是一句简简单单的空话，而是要我们付诸实际行动的。在新时期，我国的社会主要矛盾发生了变化，随之而来与理想信念相关的理论教育，方针政策也要进行改变，我们唯有将新时期的新特点、新变化与"四个自信"相联系，为大学生理想信念教育提供符合时代发展的理论支撑。深刻理解"四个自信"的本质，增强大学生的民族自豪感和文化自信心，做到理论自觉和理论自信，才能真正地将习近平总书记所说的"四个自信"落到实处。

（三）中华民族伟大复兴"中国梦"的教育

新时期大学生理想信念教育不同于传统的理想信念教育，在内容上是有着很大区别的，新时期社会主要矛盾的变化要求理想信念教育的内容也应随之改变，体现新时期的新特征。习近平总书记指出："当前我们比任何时候都更加接近，更有信心实现中华民族伟大复兴中国梦的目标。"

因此，新时期大学生理想信念教育应该以加强"中国梦"教育为着力点，丰富和创新大学生理想信念教育的内容，用中华民族伟大复兴的历史逻辑和光明的发展前景引导大学生将自己的理想信念与"中国梦"结合起来，实现自我和民族的双向发展。习近平总书记在参观《复兴之路》展览时指出："要实现中华民族伟大复兴，就是中华民族近代以来最伟大的梦想。"在此后的一系列讲话中，习近平总书记又进一步阐述了"中国梦"的内涵、意义以及实现途径等，明确了"中国梦"就是要实现国家富强、民族振兴、人民幸福。

新时期对大学生进行理想信念教育离不开"中国梦"的教育，新时期开展大学生理想信念教育本质上就是引导大学生树立实现"中国梦"的伟大理想，"中国梦"是激励广大青年大学生不断前进的根本动力。千里之行始于足下，罗马不是一日建成的，实现中华民族伟大复兴的中国梦是长期且艰难的过程，而胸怀理想、志存高远，勇立潮头、敢做先锋的大学生是实现"中国梦"的青春注脚。新时期在对大学生进行理想信念教育的过程中加入"中国梦"的思想教育，使其更通俗化与大众化，让大学生深刻理解"中国梦"的内涵、意义以及实现的途径等，才能明确新时期赋予他们的历史责任，才能扛起肩上的重担，更好地树立与这个时代同心同向的理想信念，并在社会实践中去践行。

（四）以人民为中心的发展思想教育

坚持以人民为中心的发展思想有三层含义：第一层是指发展为了人民，我们进行一切活动的最终目的都是人民可以过上更好的生活，让人民不再因为贫穷，为了生活而愁苦，不再为了生计而奔波。国泰民安，广大人民群众追求的是安稳而又平静的生活，发展为了人民就是要给人民群众创造一个好的环境，将人民的利益作为发展的目的；第二层是指发展依靠人民，就是把人民当作社会发展的力量源泉，坚持人民的主体地位，让人民的权利得到最大限度的发挥，尊重人民群众的首创地位，不断从人民群众中汲取智慧和力量；第三层是指发展成果由人民共享，要使发展的成果惠及全体人民，做到最大限度的公平公正，实现共同富裕。以人民为中心的发展思想是中国共产党人理想信念的基石，中国共产党人的初心和使命就是永远把人民对美好生活的向往作为奋斗目标。新时期对大学生进行以人民为中心的发展思想教育，就要求大学生时刻将最广大人民的根本利益放在首位，增强大学生的奉献精神和社会责任感，明确人民赋予我们的责任，在广大人民群众和自己的利益发生冲突时，我们要善于彰显人民至上的价值取向。要熟练地掌握中国共产党的宗旨和原则，积极主动地了解人民群众的生活，深入人民群众，在与人民交流的过程中树立正确的世界观和价值观，更好地为人民服务。

（五）个人理想信念教育

每个人都不希望自己的一生是在碌碌无为中度过的，人类发展的共性会让我们都愿意朝着好的方向去发展，人们都希望自己可以成就一番事业，成为一个对社会、对国家有影响力的人。在新时期要成为一个优秀且有影响力的人，就需要我们善于将个人理想融入中华民族事业发展的潮流当中，一切以实现民族伟大复兴为出发点，在个人与国家的统一中实现自我价值。我们要为民族之崛起奉献自己的力量和热情，新时期大学生想要实现人生价值，首先要实现个人的社会价值，阿尔伯特·爱因斯坦（Albert Einstein）说过，一个人的价值，应该看他奉献什么，而不应当看他取得什么，人生理想和人生价值是在奉献他人，奉献国家中实现的。

长期以来，一代又一代科学家怀着深厚的爱国主义情怀，凭借深厚的学术造诣、宽广的科学视角，为祖国和人民做出了彪炳史册的重大贡献；还有永远将国家的前途和命运放在第一位的中国军人们，是我们广袤国土的第一道防线，为我们带来一方安宁等。他们之所以伟大，就是因为他们有正确的价值观和人生观，他们时刻将实现国家和人民的利益作为自己的人生理想和价值追求。

习近平总书记多次讲到，青年的价值取向决定了未来整个社会的价值取向，强调了正确的价值观和人生观对于青年大学生的重要性。为此，新时期对大学生进行理想信念教育，就要加强价值观、人生观、实践观的教育，引导大学生扣好人生的第一颗扣子；努力学习中华民族历史，秉承中华优秀文化基因，汲取传统优秀价值观的养分，树立正确的人生观和价值观；更好地将个人理想汇入新时代潮流，让蓬勃青春与国家情怀共振，在服务他人、奉献社会中收获成长和进步，为国家建设添砖加瓦。

四、道德规范教育

（一）道德规范教育的作用及特点

道德规范教育是帮助大学生了解正确处理个人利益与他人利益、个人利益与集体利益关系的行为准则的教育，并在这些行为准则的指导下，将这些准则外化为实际行动和道德习惯。道德规范教育是一种养成教育，它实质上是教导一个人如何成为一个真正的"人"，如何安身立命。这是一种最基本的教育，只有在这一教育的基础上，才谈得上其他的教育。

道德规范教育是政治教育、思想教育的起点。只有搞好基本的道德教育，才有可能培养具有正确政治思想、科学世界观的社会主义新人。正如儒家所倡导的"修身、齐家、治国、平天下"，只有自己有了很高的道德修养，才谈得上报效国家，造福社会。

道德规范教育的基础地位是由道德规范的特点决定的。道德规范具有以下特点。

1. 稳定性强

社会意识形态都具有相对稳定性，但道德比其他意识形态变化更慢，表现出更大的稳定性。经济关系和政治制度的变革，固然使旧的道德失去了存在的客观现实依据，但由于旧道德已经在漫长的岁月中逐步演变成为人们的传统习惯和风尚，而且这种传统习惯和风尚往往与人的信念、情感、民族的社会心理结构整合在一起，因而具有更大的稳定性。

2. 渗透性强

道德规范是从现实利益关系的角度，特别是现实生活中个人对待社会整体利益和其他个人利益态度的角度，去调节人们的各种社会活动和社会关系的。也就是说，凡涉及现实利益关系，特别是个人利益和他人利益、集体利益的关系和活动，都属于道德规范调节范围。所以，道德规范涉及人们社会生活的各个领域，与人们的日常生活紧密联系、息息相关。

3. 自律性强

与法律规范不同，道德规范提倡"应当怎样，不应当怎样"，而不是"必须怎样，不准怎样"。它通过社会舆论、传统习惯和人们的信念来维持，通过劝诫、说服、示范等方式起作用，不是靠国家强制力维持的。

从以上道德规范的特点我们可以看到，由于大学生的日常思想行为大量地表现为道德品质和行为的调适，道德规范可以成为他们正确处理与他人关系的行为指南。因此，道德规范教育与其他思想政治教育内容相比，与大学生日常生活最为贴近，具有其他思想政治教育内容所没有的基础优势。而且，由于道德规范的稳定性和自律性，它对指导大学生正确处理个人与他人、集体之间的关系上具有持久的效力，这增加了道德规范教育作为思想政治教育基础的牢固性。

（二）道德规范教育的内容

1. 以为人民服务为核心的教育

把为人民服务作为社会主义道德建设的核心，是中国共产党人在伦理思想上的一大贡献。毛泽东同志在《为人民服务》一文中就精辟地阐述了为人民服务的光辉思想。我们党把为人民服务作为党的根本宗旨，明确写进了党的章程。在改革开放的新的历史条件下，以邓小平同志为代表的共产党人从最广大人民的根本利益出发，坚持把三个"有利于"作为衡量一切工作的标准，把"人民拥护不拥护""人民赞成不赞成"作为制定各项政策的出发点和归宿，受到了广大人民群众的衷心拥护。经过共产党人的长期实践和倡导，为人民服务不仅仅是共产党员始终坚持的根本宗旨，而且已经逐步成为大多数社会成员普遍接受和认同的一条基本道德原则。

为人民服务也是公民应尽的义务。为他人提供必要的帮助和关心是公民应尽的责任和义务，也就是说，我们在接受他人和社会给我们的服务时，也应尽自己的所能为他人和社会服务，并在服务他人、服务社会的过程中实现自己的个人利益和人生价值。在新的形势下，必须继续倡导为人民服务的道德观，把为人民服务的思想贯穿于各种具体的道德规范之中；要引导人们正确处理个人与社会、竞争与协作、先富与共富、经济效益与社会效益等关系，提倡尊重人、理解人、关心人，发扬社会主义人道主义精神，为人民为社会多做好事，反对拜金主义、享乐主义和极端个人主义，形成体现社会主义制度优越性、促进社会主义市场经济健康有序发展的良好道德风尚。

2. 集体主义原则的教育

集体主义是社会主义道德的根本属性，体现在社会主义道德规范体系各个方面。在社会主义初级阶段，集体主义包含着以下 3 个层次的道德要求：

第一，从个人和小集体利益出发，兼顾国家和社会整体利益；

第二，从国家、集体利益出发，兼顾个人利益；

第三，在三者利益发生矛盾时，自觉牺牲个人和局部利益，以维护国家和整体利益。

这 3 个层次体现了由低到高的 3 种道德境界，与社会主义初级阶段的现实相适应。在三者利益发生矛盾时，自觉牺牲个人和局部利益，以维护国家和整体利益是集体主义的最高境界，是社会主义道德的核心。集体主义原则是适应社会主义政治、经济制度发展规律而提出的道德原则，加强思想政治教育必须要贯穿集体主义原则的教育。

3. 公民基本道德规范教育

道德规范是人们根据一定社会的道德要求所制定的具有普遍约束力的行为规则与标准。道德规范是在人们的道德活动与道德意识的基础上形成与概括出来的，它源于对人们道德行为的指导，又指导着人们行为的道德化。公民道德是我国社会主义道德体系的基础，是社会主义道德大厦的基石。

第二节　学生思想政治教育的原则

一、学生思想政治教育的基本原则

（一）求实原则

求实原则体现了一种科学的工作态度。思想政治教育是一项实实在在的转变人的思想的工作，因而任何华而不实和不切实际的做法都难以取得良好的教育效果。大学生思想政治教育的一个重要特点就是具有针对性，要做到这一点，教育者必须遵循实事求是的原则。教育者在进行思想政治教育的过程中，必须从社会发展的现实和受教育者的思想实际出发，运用马克思主义的基本理论去解释分析社会问题和受教育者的思想问题，并从中寻找出解决问题的基本规律，来指导大学生思想政治教育的活动。求实原则，是指学生思想政治教育要始终坚持"理论联系实际，一切从实际出发，实事求是"的思想路线和原则。

所谓理论联系实际，包含以下两层含义：①一定要掌握学生思想政治教育的相关理论。学生思想政治教育理论是从事学生思想政治教育的重要指导，能为相关工作提供有效的方法。因此，我们必须全面地、系统地、准确地掌握学生思想政治教育理论。②一定要从实际出发，实事求是。理论只有面向实践、指导实践、接受实践检验并随实践发展，才富有强大的生命力和战斗力。

要做到理论和实际相结合，必须坚持实事求是。学生思想政治教育　定要坚持和发扬理论和实际相结合的原则和作风，反对理论和实际相脱离的错误倾向。求实原则的贯彻实施要做到以下几点：①自觉学习马克思主义理论。马列主义、毛泽东思想、中国特色社会主义理论是党认识世界、改造世界的强大思想武器，加强马克思主义理论的学习，有助于人们树立科学的世界观、人生观和价值观，抵制错误的思想和潮流。因此，要自觉加强马克思主义理论的学习。②要一切从实际出发。一切从实际出发就是要坚持主观与客观、主体与客体的统一，按照实际情况，制订不同的工作目标和计划，选择恰当的方法。③按照正确解决问题的步骤来办事。为了在学生思想政治教育工作中坚持求实原则，就必须按照及时发现问题、确实弄清问题、正确解决问题的 3 个步骤来办事，为此，需做好以下 3 点。

第一，要做到及时发现问题，就要做到善于调查研究，准确观察和分析问题，正视矛盾，不回避矛盾。发现思想问题和实际问题贵在及时，这样就能掌握思想教育的主动权。

第二，要做到确实弄清问题，是指发现工作中存在的实际问题后，要善于分析、研究和核实问题，抓住问题的核心，不为假象所蒙蔽。

第三，要做到正确解决问题，是指在弄清实际问题后，及时联系相关人员，运用相关理论，实事求是地解决问题。

（二）民主原则

民主原则是指在学生思想政治教育中，尊重学生的主体性地位，尊重其人格和民主权利，创造条件让大学生充分发表自己的意见并加以正确的引导。民主的实质是平等。学生思想政治教育中的民主就是教育者与受教育者双方在充分尊重对方人格和民主权利的前提下，创造条件让双方充分表达自己的思想和意见，并在此基础上正确处理相关问题，共同完成学生思想政治教育的任务。学生思想政治教育并不能直接作用于人的行为，而是先通过对象错综复杂的心理品质作用于人的意识，转而影响其行为。作为教育对象的大学生一般都是青年，他们的自我意识已经渐趋成熟，对自己以及自己和周围的关系开始有了独立的认识和评价，较少盲从，主体意识明显。

因此，学生思想政治教育的成效，在很大程度上取决于教育对象对教育内容的关心、思考和理解的积极性和主动性是否被调动起来以及被调动的程度。因此，学生思想政治教育必须坚持民主性原则，突出学生的主体地位，促进教育者与受教育者以平等态度交流思想，互相尊重，创造民主、平等、和谐、生动活泼的教育环境和气氛。

民主原则的贯彻实施要做到以下两点。

1. 尊重人、关心人和理解人

尊重人，就是要尊重高校的大学生，尊重他们的主人翁地位，尊重他们的人格及宪法赋予他们的各种民主权利，从而充分调动、引导和提高大学生对社会主义物质文明建设和精神文明建设的积极性、创造性。关心人，即要求大学生思想政治教育者要多关注、爱护和帮助大学生，在政治上关心他们的成长，工作上关心他们的进步，生活上关心他们的困苦，使大学生感受到温暖。理解人，就是要理解大学生的具体处境和个性，承认大学生在性格、兴趣等方面的差异，以心换心地进行教育。

2. 要与严格要求相结合

第一，坚持严格管理不能践踏大学生的人格尊严、漠视大学生的情感、无视大学生实际需要，要把严格要求同尊重人、关心人、理解人有机统一起来，使学生思想政治教育处于升腾活跃的状态，以达到激发大学生建设中国特色社会主义的巨大热情的目的。

第二，要把尊重人、关心人、理解人与严格管理结合起来，讲尊重人、关心人、理解人，绝不是不讲原则、放松管理、取消批评，绝不是迁就不合理的要求或容忍不守纪律的行为、奉行"好人主义"。

总之，尊重人、关心人、理解人是相互联系、相互渗透的统一体，是党的思想政治教育的优良传统，也是思想政治教育民主原则的要求。它要求学生思想政治教育者必须以诚相待、以诚动人、以理服人、以情感人，只有这样才能振奋人心、激发热情，从而使学生思想政治教育更富凝聚力和吸引力。

（三）方向性原则

方向性原则是指学生思想政治教育的全部活动要始终与社会发展的要求相一致，坚持正确的政治方向不动摇。当前，方向性原则主要体现为学生思想政治教育要旗帜鲜明地坚持社会主义和共产主义方向，坚持党的基本路线，要与中国共产党的纲领与宗旨相一致。

坚持方向性原则对学生思想政治教育活动具有非常重要的意义：首先，只有坚持这一原则，才能保持无产阶级思想政治教育的本质特色；其次，只有坚持方向性原则才能统一人们的思想与行动，充分发挥思想政治教育的作用；再次，坚持方向性原则是实现思想政治教育价值的根本要求；最后，思想政治教育价值的实现与否，必须以教育目的的实现程度和方向原则的贯彻程度来衡量。

要在学生思想政治教育过程中坚持社会主义方向，首先，必须始终坚持以马列主义、毛泽东思想和中国特色社会主义理论体系作为思想政治教育的指导思想。其次，提高贯彻思想政治教育方向性原则的自觉性。作为以培育"四有"新人为己任的学生思想政治教育，更要始终牢记这一点。要使学生思想政治教育工作者认识到，坚持思想政治教育的共产主义方向，是有效开展学生思想政治教育活动的根本保证，因而在实际工作中要自觉运用这一原则，将其精神贯穿在具体的思想政治教育活动中。同时，也要帮助大学生认识到，坚持正确的政治方向，有利于个人的全面发展，有利于政治与业务的统一，有利于红与专的统一、德与才的统一，从而坚持向共产主义方向前进。最后，贯彻方向性原则必须讲究科学性。要更好地贯彻方向性原则，就必须将坚定的原则性与方法的灵活性结合起来，努力使学生思想政治教育自然地渗透到社会生活的方方面面，从而潜移默化地影响学生。要努力探寻方向性原则与思想政治教育具体目标之间的契合点，并以方向原则统摄各种具体目标，使共产主义方向成为学生思想政治教育的灵魂。

（四）现实性原则

思想政治教育现实性原则主要从教育载体、教育方法以及教育内容等方面体现。现实性原则同时也是"三贴近"原则在高校的进一步具体化。

1.教育载体贴近学生实际生活

思想政治教育载体是联系教育主体与教育客体的中介，其传载并能传递思想政治教育的内容或信息。常见的思想政治教育载体主要包括语言载体、行动载体、管理载体、文化载体、活动载体、大众传媒载体等。这些载体会随着社会历史环境和条件的变化而变化。思想政治教育的现实性原则，意味着教育者不仅应当从现实生活中选择适当的载体，加以灵活运用，还要根据新情况，及时地对教育载体进行调整，善于发掘和运用各种新载体以增强思想政治教育的实效性。

思想政治教育的根本目的在于培养适应社会主义事业建设和社会发展需要的全面发展的高素质人才。利用生活化的教育载体进行思想政治教育，一方面要求教育者在载体选择上具有针对性和目的性，不仅要与思想政治教育的根本目的保持一致，同时也必须贴近大学生的实际生活，符合大学生的生活需要和发展需要。此外，这些载体本身应具有社会实践性，容易被学生操控和运用于社会实践当中。另一方面要求教育者在载体选择上紧跟时代步伐，结合当前学生的生活现状和发展规律，大力开发隐性思想政治教育载体，尽可能地选择外在形式新颖、内容生动的、内涵极富趣味性和哲理性的内容形式，让学生对教育内容产生浓厚的兴趣，维持积极的情感体验，增强教育内容的吸引力。

2.教育方法融入学生日常生活

思想政治教育方法是指在思想政治教育过程中，为实现教育目标、传授教育内容，教育者对受教育者所采取的思想方法和工作方法。思想政治教育活动的意义在于激励、鼓舞和引导学生全面发展。思想政治教育的方法是多种多样的，有传统的理论教学法、实践锻炼法、榜样教育法、自我教育法等。不管是何种形式的教学方法，都应当具备科学性、实用性和针对性。社会发展所带来的新变化为思想政治教育方法的创新提供了有利条件，人们思想观念的提高为思想政治教育方法的更新打下了坚实基础，现代科学技术的飞速发展为思想政治教育方法的改进注入了新的动力，人们科学文化素质的提高为思想政治教育的创新提供了良好条件。在这个背景下，应当适时将高校思想政治教育方法进行更新、改进和创新，将其融入大学生日常生活中，实现教育方法的多样化和不断革新。

应当注意的是，教育者应提高自身科学文化素养，将现代化科学技术手段运用到教育中，灵活运用教学艺术，多运用日常生活的事例，将深奥的大道理转化为生动具体的、与现实生活密切关联的小故事和具体事例，引发学生情感上的共鸣，使学生觉得教育内容可亲可信、有理有用，教育方法可行、有效。教育方法要因时、因地、因人制宜，体现以人为本的价值取向。教育者还应学会利用多学科与思想政治教育的关联性进行教学，扩大学生的知识面。

3. 教育内容不回避现实敏感话题

传统的思想政治教育普遍存在着这样一种现象，即对于某些社会敏感的问题避而不谈，或是较少谈及，而这些问题往往是社会经济发展过程中产生或者存在着的各种深层次的矛盾的现实反映。由于学生一般具有较高的政治热情，喜欢关注社会热点问题，越是敏感的问题、越是被教育者避而不谈的问题，越能激发学生的好奇心或是政治参与热情。不敢直面教育对象、回避社会现实敏感话题的教育方法是没有说服力的，不能达到教育人、引导人的目的，不能解决实际问题，会降低思想政治教育工作的权威性和其在大学生心目中的崇高地位。

只有直面现实生活，教育内容不回避社会现实敏感话题，才能提高思想政治教育在大学生心目中的地位，实现真正意义上的思想政治教育。在思想政治教育过程中，要以学生所关注的社会热点、焦点以及政治敏感问题作为事例，设法了解、揭示或是揭露这些敏感问题存在的深层次原因，为学生答疑解惑，让学生了解这些问题是社会发展过程中不可避免的，但应对这些冲突矛盾的解决保持积极乐观的态度，坚信这些深层次的矛盾会逐渐得到消释，社会会继续健康发展，共产主义最终会实现，保持学生的政治参与热情，端正大学生的政治观；要把教育内容与学生的实际生活结合起来，才能使学生在生活中得到具体的、丰富的道德训练，为他们日后进入社会打下基础。

（五）灵活变通原则

在高校思想政治教育过程中坚持灵活变通的原则，其实质是要求将思想政治教育目标和内容的规定性与思想政治教育过程和方法的灵活性有机结合起来。学生思想政治教育过程是沟通人的思想和交流人的情感的过程，是用正确的思想和真挚的情感影响和感化教育对象的过程。但人的思想和情感的丰富性和复杂性决定了在进行思想政治教育的过程中，必须避免生硬、呆板、简单、一刀切的倾向，必须根据教育对象的思想实际和个性特征，有针对性地、灵活变通地来安排教育的情境和选择教育的方法。

学生思想政治教育灵活变通原则，还要求根据时代的变化和思想政治教育任务的变化以及大学生求新求变的思想特点，不断地解放思想，与时俱进，跟上时代发展的步伐，不断地探索高校思想政治教育的新规律，创造思想政治教育的新方法。

（六）尊重爱护原则

在高校思想政治教育过程中贯彻尊重爱护的原则，就是要求高校思想政治教育工作者必须尊重教育对象的主体地位，从关心爱护的愿望出发努力发挥他们的主观能动性，并进行启发诱导，促使他们积极地进行认识交流并提高思想认识水平。思想政治教育活动是主体之间的互动过程，要进行切实有效的思想政治教育，教育者在思想上必须树立以尊重爱护教育对象为前提的指导思想。思想政治教育是以帮助教育对象在政治态度、人生道德、人生价值等方面，确立与社会意识相一致的个人意识为目的的一种人类精神活动。

对教育对象尊重的含义是：教育者要承认教育对象是具有自己个性特征和独立人格的主体，要能够体会教育对象的喜怒悲乐，教育者和教育对象之间应以同志式、朋友式的关系进行交流，从而建立起双方互相尊重、互相交流、互相切磋、共同提高的良好关系。只有确实尊重和爱护教育对象，以真诚关心的态度，以平等的姿态来面对教育对象，才能提高思想政治教育的效果。

（七）教书与育人相结合原则

教书与育人相结合原则是学生思想政治教育工作的一项基本原则。所谓教书与育人相结合，是指教师在教学过程中，通过各种教学活动和各个教学环节，全面提高学生的素质和能力。教书与育人相结合原则的贯彻实施要做到以下两点。

1.寓思想教育于教学之中

教书育人，教学是基础，育人是关键。高校要把思想教育工作渗透到各种教学和教学的各个环节中去，把传道、授业、解惑结合起来。这就要求教师在传授知识的过程中，要注意发挥和挖掘教材的思想性、知识性和趣味性，有机地结合社会实际和大学生思想实际，充分调动大学生的学习积极性，帮助大学生处理好德育与智育的关系，把思想政治教育工作渗透到大学生的各项学习活动之中，使他们热爱学习，精于专业，从而实现高校的育人目标。

2. 正确处理思想政治教育和大学生学习活动的关系

教书与育人，二者是相互联系、相互促进的。无论是自然科学还是社会科学的教师，都要结合教材特点，加强对学生的全面教育和培养，自觉地做到教书育人，发挥思想政治教育对大学生学习活动的方向引导作用和内在激励作用。但不能以此孤立地过分突出思想政治工作，过多增加思想政治教育时间，削弱知识学习活动，搞"突出政治"的做法势必影响人才的全面发展。因此，要教好书、育好人，就要正确把握学生思想政治教育和知识学习活动相结合的程度与方式，以利于大学生思想政治工作作用的发挥和大学生全面发展的需要。

（八）差异性与层次性相结合原则

贯彻差异性原则，要求教育者重视受教育者的个别差异，尊重受教育者的个性，根据不同受教育者的需要，为其提供适合的、多元的选择空间和资源支持。在教育过程中，教育者要贯彻"因材施教"的思想，使受教育者学会发现、了解、尊重自我，对自身发展的无限可能充满信心，并适时、适当地给予关注、赞赏和鼓励，以及提醒、点拨和帮助，使他们逐步具备完全的自我教育能力。

另外，教育者应根据自身的特点选择最能体现自己特色的教学方式和风格，使受教育者在具有差异性的教学中选择最适合自己的模式。同时，理论教育在内容和方法上也具有层次性。

所谓层次性原则，是指要从教育对象的特点出发，确定和选择不同的教育内容和方法，分层次进行大学生思想政治教育。大学生思想政治教育坚持层次性原则，这是由教育对象的差异性决定的。大学生思想政治教育坚持层次性原则，需要结合广泛性和先进性。如果不坚持广泛性，就有脱离学生、脱离实际的危险，理论教育也因此难以取得成效；如果不坚持先进性，就有弱化、淡化党的领导的危险，就会存在背离社会主义方向和共产主义方向的危险。大学生的知识水平和认识层次均存在区别，在对其进行思想政治教育时需要遵循差异性和层次性并举的原则，尊重差异、理解个性，最大限度地提高学生思想政治教育的实效。

（九）教育与自我教育相结合原则

教育是一种社会实践过程。它是由两个相互交织的并行过程所组成的：一个是教师（包括各种教育者）的教书育人（传道、授业、解惑）过程；另一个是学生的学习、成才过程。在教的过程中要充分发挥教师教的主观能动性，而在学的过程中则要充分发挥学生学的主观能动性，二者缺一不可。因此，教育不是一个单一的社会实践过程，而是由上述两个子过程交织而成的复合过程。学生思想政治教育也是如此。

要正确贯彻教育与自我教育相结合的原则，就要一方面加强教育，充分发挥教育的功能；另一方面加强自我教育，发挥大学生在自我教育、自我提高中的能动作用，通过他们思想的矛盾运动来达到转变思想、提高觉悟的目的。

1. 建立平等互助的新型师生关系

在学生思想政治教育过程中，教师与学生之间应该建立起平等互动、互相尊重、互相学习的新型关系，通过有效的交流和积极的行动，调动教师实施教育与学生接受教育两个方面的积极性，以收到理想的教育效果。

2. 重视大学生的自我教育

大学生要具备自我教育的能力，要求教育者在教育实践中通过多种途径主动帮助和激发大学生主体能力的构建。大学生要实现自我教育，充分发挥主体的能力，应在以下几个方面着手。

第一，思想政治教育者要注重启发大学生的自我教育意识，引导他们通过自主学习、自觉参与以及反省、反思、自我思想改造等提高自我修养的途径，不断提高自己的思想道德水平。

第二，要打好学生的理论基础。理论的学习是学生思想政治教育中不可或缺的一环。理论教育法是思想政治教育最主要、最基本的方法，也是大学生打好理论基础最直接的方法。学生只有具备坚实的理论基础，才能以正确的理论指引自己的行为，才能在现实中明辨是非，为自己找准努力的方向。在当代复杂多变的社会生活面前，人们比以往任何时候更加需要用科学的思想和理论来指导自己进行正确的选择和决策，以便更加有效地认识环境。

第三，要创造有利于学生进行自我教育的条件，积极引导学生进行自我教育。应当通过各种渠道和形式对学生的自我教育活动予以支持、引导和帮助，鼓励学生开展他们热爱的、健康的、有益的、丰富多彩的各种活动，使他们在活动中自我教育，相互影响。要引导他们开展批评和自我批评，在严格的自我批评和与人为善的相互批评过程中，教育自己、教育别人、相互借鉴、共同提高。要吸收学生参加学校的民主管理，组织学生参加社会实践活动，使他们在民主生活和社会实践中得到锻炼，增长知识和才干，增强自己的主人翁精神和社会责任感。要有计划地组织民主讨论，引导他们在民主的气氛中各抒己见、交流思想，坚持真理、修正错误，集思广益、博采众长。

第四，树立成功的榜样。榜样示范法是指通过具有典型、榜样意义的人或事的示范引导作用，教育人们提高思想认识、规范自身行为的方法。榜样教育具有形象、生动的特点，它是理论与实际的有机结合。学生用榜样的力量激励自己，在心中树立成功的典范，为自己指明努力的方向，会产生更强的感染力和说服力，在自我教育中收到很好的效果。通过典型事迹可以使大学生看到榜样的成功之处，明确努力方向，从而努力奋斗，在改造客观世界的过程中全面提升自己的思想道德素质。必须实事求是地选择对自己有影响力的典型，否则难以真正从思想到行动上得到认同，也起不到典型引导的作用。

（十）科学性与以人为本相结合原则

有中国特色的现代思想政治教育，以马克思主义为指导，代表最广大人民群众的利益，符合历史进步的总趋势，因而具有科学性的特点。价值具有阶级性，不同阶级的思想政治教育，其价值也是不同的。对立阶级的思想政治教育，其价值观也是根本对立的。反动阶级的思想政治教育代表反动阶级的利益，尽管它们在形式上有时显得非常精巧，但就其内容和实质而言却是不科学的，甚至是反科学的，严重阻碍了社会的进步。而现代思想政治教育在马克思主义指导下，是中国共产党关于思想政治教育丰富经验的理论升华，不仅深具科学性，反映了思想政治教育的客观规律，而且具有价值性，在它指导下的思想政治教育实践，能够满足社会全面进步和人的全面发展的需求。以人为本是一个内涵十分丰富的哲学范畴，其基点就是把"人"作为根本的评价尺度和价值取向，人是出发点，也是立足点，更是归宿点。

以人为本要做到以下三点。①要以人的方式把握和理解人，强调把人看作一切事物的根据和本质，确立人的观念、意识和维度，在看待外界事物和问题时，在坚持历史的尺度同时也要确立人的尺度。马克思、恩格斯指出："全部人类历史的第一个前提，无疑是有生命个体的个人的存在。因此，第一个需要确认的事实就是这些个人的肉体组织以及由此产生的个人。"因此，对于思想政治教育来说，确立人的尺度就是在认识、理解与自己进行交往的人时，需要将其作为一个与自己平等的、一样具有思想和个性的现实的人。②对于人的主体作用和地位进行肯定。马克思多次在他的著作中强调，人作为社会历史发展的主体，是推动社会发展的根本动力，是历史的真正创造者。"从前的一切唯物主义的主要缺点是：对对象、现实、感性，只是从客体的或者直观的形式去理解，而不是把它们当作感性的人的活动，当作实践去理解，不是从主体方面去理解。"③要以人为立足点，尊重人、理解人、关心人、发展人。以人为本体现了马克思主义世界观和方法论的核心价值，是中国共产党人以马克思主义唯物史观为指导提出的具有重大战略意义的思想观点。因此，高校在进行思想政治教育时，只有坚持以人为本，以人为出发点和中心，真正理解人是一切社会关系的总和的本质，才能在交流与互动中不断提升和完善自身的道德素质。

学生思想政治教育要遵循科学性与以人为本兼顾的原则，为此，高校应做好以下3点：①需要保证包括教育教学内容的科学性，即教材和讲义所呈现的知识结构体系是科学的；②需要保证教育主客体之间交流的科学性，即表达内容的准确无误，阐述规律的缜密；③需要保证教学方法的科学性，即教育主体应注重对教育客体的启发，要符合教育客体的认知规律。教育者可以通过设置问题情境，把学习的主动权交给学生，并启发学生积极思考。同时，在学生思想政治教育过程中，教育者要领会和运用以人为本的思想，坚持按照以人为本的原则引领道德素质教育的发展，从而让受教育者形成普遍的主体意识。

二、学生思想政治教育原则的特点

（一）辩证性

学生思想政治教育原则体系是以辩证唯物主义和历史唯物主义为理论指导，对思想政治教育客观规律主观认识的产物。学生思想政治教育是一个不断发展的过程，新事物、新情况、新问题层出不穷，每个人都不可能穷尽真理认识的历史长河，加之不同个人的认识能力、认识水平又有差异，因而人们对学生思想政治教育规律和原则的认识都具有相对性。学生思想政治教育原则之间既有区别又有联系，对各个原则的认识也不能绝对化，要看到它们之间的相容性、交叉性、衔接性。学生思想政治教育原则是思想政治教育系统内在本质关系的抽象，只有深刻理解思想政治教育过程中的各种关系，所确定的原则才能较为符合实际。

（二）整体性

学生思想政治教育原则体系的整体性特征表现在以下两个方面。

第一，学生思想政治教育原则是以大学生思想政治教育规律作为客观依据而构建起来的；各原则之间具有紧密的内在逻辑联系，它们相互作用、相互补益，共同构成一个整体。

第二，学生思想政治教育原则体系具有"1＋1＞2"的整体功能。学生思想政治教育原则体系虽然由众多具体原则所组成，但这些原则相互关联，不可分割，在运用原则时不能顾此失彼，而应当统筹兼顾，综合运用。

（三）层次性

学生思想政治教育原则体系是按照由整体到局部、由一般到个别、分层次有序排列的，每个层次的原则都是在一定的范围内和条件下起作用，都有自己特殊的功能和意义。

（四）动态性

学生思想政治教育原则是一个多层次的动态体系，不是孤立静止、僵死不变的。随着人们社会实践的发展，学生思想政治教育的新经验将得到不断总结，新规律将会不断被认知，反映这些规律的新原则也就出现了。即使思想政治教育的同一个原则，其内涵会随着实践的发展而不断丰富。学生思想政治教育原则的运用也会随着时间、地点、条件的不同而有所不同的。

第三节　学生思想政治教育的方法

一、理论教育法

理论教育法是思想政治教育最常用、最基本的方法。简单地说，就是通过马克思主义基本原理、思想观念的传授、学习、宣传进行教育的方法。理论教育法也叫"理论灌输法"或"理论学习法"，是高校思想政治工作者对大学生有目的、有计划地进行马克思主义理论学习、培训、教育，使大学生树立正确的世界观、人生观、价值观的教育方法。

（一）理论教育途径的根据

之所以要有理论教育法，是因为政治理论、思想观念、道德原则等精神文化，有其自身的发展规律和特殊作用，这就是意识的相对独立性和它对社会存在的反作用。这种相对独立性和反作用在人的思想和行动方面的表现，就是人的自觉能动性。人的自觉能动性也叫"人的主观能动性"，就是有意识、有目的的活动。人的实践必然会受一定思想和理论的支配，或者受正确的思想和理论的支配，或者受错误的思想和理论的支配，不受任何思想和理论支配的人的实践活动是不存在的。动物的活动是一种适应环境的本能活动，它是不受思想和理论支配的。人的实践活动是绝对不能离开思想和理论指导的，因为只有思想和理论，才能引导方向，确立目标。同时，一定的思想和理论，由人们学习、掌握之后，便成为人们内在的精神力量，也是人们特有的主观能动性，包括人们的信念、理想、道德、情感、意志等。这些精神因素既不是人们自发形成的，更不是人们凭空产生的，而是人们在实践过程中学习、认同、运用一定思想和理论的思想成果。理论、思想的学习和掌握、运用和创立，在一定的情况下还起着决定的作用。

从上面的分析可以看出，人的自觉能动性理论说明了人对理论、思想、精神的需要与追求，而这种需要与追求的途径和方式，就是理论教育法或理论学习法。因而，人的自觉能动性理论决定了理论教育法产生的必然性。马克思主义的科学世界观和方法论，是不可能不学而知、不教而会的，同样需要通过各种不同方式和途径的学习、教育才能在头脑中确立起来。

因此，在新的历史条件下，高校除了进行马克思主义理论教育、宣传之外，也要通过学生的相互教育和启发，引导他们从个人、家庭的局部利益和眼前利益以外，充分认识社会和阶级的整体利益，认清自己的历史地位和社会责任，引导学生向更高的思想境界和更高的实践阶段发展。

（二）理论教育的具体方式

1.理论学习

在学生思想政治教育中，理论学习是学生的一种自我教育的方法，主要是学习阅读马克思主义的经典著作，弄懂弄通基本原理，并结合实际进行运用，掌握马克思主义的立场、观点和方法。

理论学习是阅读文字的一种主要方式，学生通过读书籍、报刊、网络文本而进行。读书活动是大学生理论学习的重要方面。在思想政治教育方面，学生可以读一些有关政治理论、历史知识、法律知识、伦理道德、人生修养方面的书。组织读书活动的具体做法是：围绕某一专题或某一任务，提示读书范围，开列读书目录；进行必要的辅导，开展评议讨论；交流读书体会，举办知识竞赛；奖励读书优胜者，将读书活动引向深入。

2. 讲授讲解

讲授也叫"讲解"，是高校思想政治工作者通过口头语言向学生传授理论知识，解释政治和伦理概念，论述哲学和科学社会主义原理与道德原则，阐述思想发展变化规律的教育方法，是使用最多、应用最广的一种理论教育方法。其具体方式有以下两种：①讲述。侧重于形象生动地描绘某些政治、道德现象，这种方法常用于革命传统教育和爱国主义教育。②讲解。主要是对一些比较高深的哲学、政治、道德概念与理论进行讲解，这种方法在政治理论教育、形势教育中运用较多。

讲授讲解教育法是摆事实，讲道理，以理服人的方法。说理是学生思想政治教育的基本方法，是打开学生心灵的钥匙，讲授讲解尤其要说理充分透彻。讲授讲解教育法是语言灌输的一种主要方式，它主要运用于系统的马克思主义理论教育、理论学习辅导和党的路线、方针与政策的解释、宣传。学生思想政治教育工作者在运用讲解法时，要注意做到以下几点：①讲解的内容要正确，理论、概念应具有科学性，讲述的事实同结论要保持一致；②讲解既要全面、系统，同时要抓住重点，突破难点；③讲解要采取启发式，循序渐进地进行引导，防止填鸭式和注入式，要特别注意学生的学习效果。

3. 理论培训

学生思想政治教育方面的理论培训，就是围绕某一专题，确定理论学习内容，联系实际，以学生的自学为主，同时对其进行必要的辅导，组织讨论和交流，达到提高和统一思想认识，有效指导实践的目的。理论培训是通过办培训班、讲习班来学习理论的一种方法。这种方法适应了高校学科建设和实际工作科学化的需要，受到广泛重视和应用。

理论培训方法具有学习内容、学习人员、讨论问题集中的特点，有利于相互启发，加深对政治理论的理解；有利于相互交流，探索解决实际问题的办法。教育者在运用理论培训时应做好以下4点：①要根据大学生的实际需要确定专题，明确专题培训的目的，专题既不要太宽泛而不着边际，又不要太具体而陷于就事论事，专题应当是某一方面理论与主要实际问题的结合点；②要围绕专题，根据大学生的理论水平和文化水平选好学习书目和学习资料，既不能要求过高而难以掌握，又不能要求太低而学无所获；③要进行必要的辅导和组织适当的讨论，辅导和讨论是引导、启发、深化的一种方式，辅导和讨论要抓住重点、难点和理论与实际的结合点进行；④要进行培训检查，它是了解大学生学习、掌握理论的广度和深度，以及分析和解决实际问题能力的必要方式。

二、过程教育法

（一）过程教育法内涵

工作都是通过过程来完成的，从制造航天飞机到制造汽车零部件，从管理国家、管理企业、建设家庭、培养子女，都可以称之为"过程"，人们日常生活中做的每一件事都是一种过程。组织要想有效运行，就必须对许多相互关联和相互作用的过程进行识别和管理。通常，过程是连续不断的，一个过程的输出将直接成为下一个过程的输入，从而形成过程链。运用这一管理手段，能有效地提高组织的竞争力。

过程方法的基础是"所有工作都是通过过程来完成的"。每个过程都有输入，而输出便是过程的结果。任一组织的存在都是为了实现其不同的效益（包括经济效益和社会效益），这些效益是通过一个过程网络来完成的。组织的网络结构通常是错综复杂的，它包括许多要执行的职能，如策划、宣传、推广、设计、实施、结果、总结、改进、再循环等。所有的事情要想做好，就应该这样循环往复。

事情由主要矛盾与次要矛盾构成，都有矛盾的主要方面和矛盾的次要方面。过程方法要求人们首先要确定所有过程中的主要过程，然后确定过程之间的"接口"、过程与过程之间的关系等。

一个组织要想取得理想的效果，就应该按照过程方法来建立一个质量管理体系。通过运用过程方法体系来使组织以最高效的方法实现组织的目标。过程方法体系要求组织首先识别实现目标所需要的过程，然后了解体系内诸过程的内在依赖关系，关注并确定体系内特定过程的运作方式，最后通过测量和评价持续改进体系的符合性、有效性等，也就是要按照这样的方法建立和实施组织的质量管理体系。

（二）过程教育法的应用

1.制定和实施学校管理战略

这里涉及的是制定和实施什么样的学校管理战略的问题，也就是设计和实行教育教学工作组合与运作形式，实际上就是制定和实施学校管理战略。制定管理战略就是策划。

战略的实现离不开战术，管理战略目标离不开管理手段。管理战略计划全面反映广义上的管理战略目标和管理手段。学校的教育目标决定教育实践的指针、方向，因而也就是学校管理战略目标。学校教育计划是学校管理（战略）计划的主要组成部分，因此可以是狭义上的学校管理计划。当制定管理战略时，必须考虑如下 3 个因素：①国家的法规框架，即宪法、教育基本法、学校教育法、教学大纲以及各级政府有关教育的方针、法规等。②社会的需要，即社会对教育的期望、要求。高度发展的科技，高度发展的信息化，剧烈的社会变化和经济发展，人际关系和生活方式的变化，家庭环境的变化等，都向学校提出诸多课题。③学校的实际条件，即每个学校的特殊情况。这大体包括 4 个侧面：其一，教师队伍的教育观、教学观、教师观、学生观，以及对教育改革的态度等；其二，学校的学习环境、人财物的条件、信息的环境，以及教风、学风、学校文化等；其三，学生的学习态度和作风、学习要求、校外生活状况以及学生个性与特长的实际情况；其四，地区社会的特性及学校与地区社会的联系情况。以上 4 个要素，都不是孤立的存在，而是有机的组合。简言之，制定教育目标时要以教育法规框架为背景，并立足于每个学校的实际情况去把握社会、政府和家长等提出的各种要求。

制定管理战略，不仅要具有认真研究问题和敢于创新的基本态度，还要抛弃保守的和维持现状的消极态度。学校的自主性与特色就应体现在不断地提出问题、研究问题、解决问题以及开创新的办学路子等方面。

教师的参与，对制定学校教育目标以及教育计划具有重要的作用，而且对其实施过程有决定成败的作用。在教师的参与问题上，往往出现两种情况：一是会议多，教师没有时间走进班级评价学生作业；二是出现意见分歧和冲突。这说明，对教师的参与要掌握适度。无论如何，让教师参与决策，这对发扬民主是绝对必要的、积极的举措。而意见分歧和冲突，是学校积极发展的"力量的源泉"。

2. 实施管理战略

教育管理过程（或者教育工作过程）大体上可简化为"目标—计划—实施—评价"的过程。战略目标（教育目标）实现过程，也无异于此。提高学校教育目标的共识度，即做到学校教育目标广为人知，成为全体教职工以及学生的行动目标。加紧把学校教育目标具体化，即让学校教育目标变成可操作的实践指标，并成为每个教师的实践指标。教师应结合自己工作实际把学校教育目标分解为自己的工作目标，这是学校教育目标的具体化，是实现目标的一个不可少的步骤。

3.加强对学校教学目标完成的评估

这一步可以分为两步来完成，首先在计划实施过程中对计划实施的进度和质量进行跟踪评估，然后待这个计划完成以后，对整个计划完成情况进行评估，并研究分析找出不足之处，加以改进。学校教育的目标实际上是一种"假说"，而不是死教条，只有进过策划、计划、实施、评估、目标的循环规程，才能更好地加以修正和完善。高校管理过程就本身而言是封闭系统，通过以上所述的几个环节不断地循环运动，周而复始。但是这种循环又不是简单地由前一个环节直接进入后一个环节。各环节之间又是有反馈回路的，以促使工作不断循环上升，不断实现学校更高层次的目标，不断发展与完善新的规范来适应社会对高校越来越高的要求。

三、实践教育法

实践教育法也可叫"实践锻炼法"，就是组织、引导人们积极参加多种实践活动，不断提高思想觉悟和认识能力的方法，即在改造客观世界的过程中同时改造自己主观世界的方法。

（一）实践教育的理论基础

1.实践是人的正确思想形成发展的源泉

实践是人同社会环境和客观事物相联结的唯一纽带和桥梁。人们只有通过实践才能接触事物的现象，更要通过实践，才能透过事物的现象发现事物的本质和规律，形成正确思想。人的思想是社会环境和客观事物在人的头脑里的反映，正确思想是对社会环境和客观事物的正确反映，错误思想是对社会环境和客观事物的歪曲反映。只有实践，才是人的正确思想的来源。离开实践，只学理论或单凭直观的消极被动的反映，只能看到事物的表面现象和外部联系，无法认识事物的本质和规律。

2.实践是人的思想发展的动力

一方面，实践的发展不断给人们提供新的经验材料、认识工具和实验条件，帮助人们提高认识能力，促进思想发展；另一方面，实践的发展还不断提出新课题，冲击人们的旧思想，推动人们从事新的探索，形成新思想。在我国改革开放不断深化和新技术革命迅速发展的历史条件下，新情况、新问题层出不穷，新的认识工具不断涌现，这些都要求人们改革思想观念和思维方式，使思想认识能够适应实践发展的需要。

（二）实践教育法的方式及发展

实践教育的具体方式是多种多样的。随着社会主义现代化建设和现代科学技术的迅速发展，人们实践的内容更丰富，范围更宽，方式更多样。因此，学生思想政治教育与实践结合的内容、方法都有了新发展，这种发展在新时期主要体现在两个方面。

1. 劳动教育

劳动教育就是在生产劳动过程中，帮助受教育者树立正确的劳动观点，马克思、恩格斯、列宁和毛泽东都非常重视教育与生产劳动的结合，认为在资本主义社会里这是改造社会的最强有力的手段之一；在无产阶级取得政权之后，这是培养理论与实际结合、学用一致、全面发展的新人的根本途径，是逐步消灭脑力劳动和体力劳动差别的重要措施。因此，学生思想政治教育要注重对学生的劳动教育，是引导学生为社会主义现代化作贡献，培养全面发展新人的根本途径。

劳动教育的主要目的与内容是要大学生懂得只有通过辛勤的劳动，才能把我国建设成为社会主义现代化强国；帮助学生认识劳动的地位与价值，使学生树立正确的劳动观点；使学生了解人类的历史首先是生产发展的历史，是劳动人民创造的历史；同时引导学生走同工农群众相结合、体力劳动与脑力劳动相结合的道路；培养学生热爱劳动和劳动人民的思想感情，树立马克思主义的群众观点，克服轻视劳动群众的旧习气。

对学生的劳动教育，主要是通过生产劳动和公益劳动来进行的，还包括义务劳动、实习劳动、家务劳动等。要使各种劳动具有教育的作用与成效，教育者应该让学生做好以下两个方面：①让学生了解劳动的要求和意义，增强他们参加劳动的主动性与自觉性；②让学生在劳动过程中不断总结提高体验、感受与认识，巩固劳动锻炼所取得的成果。只有这样，学生才能从有目的的活动以及这种活动所取得的实际效果中认识到它的价值，并在这种价值的实现中感受愉悦。

2. 志愿者服务

志愿者及志愿者活动在我国最先是由青年发起和组织的，1993年共青团中央决定实施中国青年志愿者行动，随后成立了中国青年志愿者协会。志愿者服务的内容和方式是多种多样的。

按服务的内容划分有生活服务、生产服务、科技服务、信息服务等；按服务的方式划分则有劳务服务、智力服务、咨询服务、个别服务、群体服务等。以下学生志愿者服务近年来在社会上产生了重大反响。

（1）大学生"三下乡"活动。大学生文化、科技、卫生"三下乡"活动已经坚持开展了十余年，广大青年志愿者积极参与，努力为实施科教兴国战略和国家"八七"扶贫攻坚计划做贡献。全国有名的"研究生支教团"，长期深入教育落后的偏远山区义务支教，为农村教育的脱贫贡献力量。

（2）大学生志愿服务西部计划。该计划是教育部、人力资源和社会保障部、财政部、团中央根据国务院常务会议的要求，通过引导学生到西部去、到基层去，促进西部贫困地区教育、卫生、农技、扶贫等社会事业的发展，拓展学生就业、创业的渠道，努力培养造就一大批既有现代科学文化知识，又有基层工作经验和强烈社会责任感的优秀青年人才。

（3）大学生扶贫接力计划。该计划从 1996 年开始试点，1998 年在全国范围实施，全国共有 30 个省（区、市）实施了这项计划。以公开招募和定期轮换的方式，组织具有大专以上学历的大中城市青年，到贫困地区从事半年至 2 年的教育、农业科技推广、医疗卫生等方面的志愿服务，服务期满后，由下一批志愿者接替，形成接力机制。

（4）大学生共建和谐社区志愿服务行动。该服务行动是团中央于 2006 年 5 月启动的志愿者计划，广大青年学生志愿者深入社区，宣扬社会公德，宣传医疗知识、安全法规，提供法律援助，开展助残行动，结成扶贫扫盲对子，配合社区开展精神文明建设，为建设和谐社会贡献着力量。

四、系统教育方法

（一）系统方法概述

1. 系统方法的内涵

系统是由两个以上相互联系、相互依赖、相互作用的若干组成部分结合成的具有一定结构和功能的有机整体。系统是由它的所有组成部分构成的统一整体，具有整体的结构、整体的特性、整体的状态、整体的行为、整体的功能等。系统论认为，世界万物皆系统。系统具有 3 个基本特征：①系统是由若干元素组成的；②这些元素相互作用、互相依赖；③元素间的相互作用，使系统作为一个整体具有特定的功能。

所谓系统方法，就是根据系统的观点，从整体出发，辩证地处理整体与部分、结构与功能、系统与环境、功能与目标的关系，找到既使整体最优，又不使部分损失过大的方案作为决策的依据，以实现整体最优化的方法。系统方法要求人们把对象和过程视为一个相互联系、相互作用的整体，并且尽可能将整体做形式化的处理。系统方法所处理的对象，都是由种种关系和相互联系交织起来的网络画面，采用系统方法时，应尽可能将此画面做组织化的科学抽象，从而具体地反映和把握世界。

2. 系统方法的特点

（1）动态性。任何现实的系统，一般来说，都是处于动态的"活系统"。虽然在科学研究中，人们经常采用理想的"孤立系统"或"闭合系统"的抽象，但是实际存在的系统，无论在内环境的各要素（或子系统）之间，还是在内环境与外环境之间，都有物质、能量、信息的交换与流通。所以，从原则上说实际系统都是活系统。

（2）整体性。整体性是系统方法的核心。根据系统论的观点，系统是由诸多部分或要素组成的有机整体，系统的整体性质和规律，只存在于组成它的诸要素的相互联系和相互作用之中，而不等于各组成部分或要素的孤立的性质和活动规律的总和，即"整体大于部分之和"。因此，在研究系统时，必须从整体出发，立足于通过整体来分析部分以及部分之间的关系，再通过对部分的分析而达到对整体的深刻理解。

（3）模型化。运用系统方法，需要把真实系统模型化，即把真实系统抽象为模型，如放大或缩小了的实物模型、理论概念模型、数学模型、符号系统模型或其他形式化的模型等。在采用系统方法的模型化原则时，除应遵循模型方法的一般原则以外，还应使模型的形式和尺度符合人的需要和可能，适合人的选择。

（4）综合性。综合性就是把任何整体都看作是以诸要素为特定目的而组成的综合体，要求研究任何一个对象都必须从它的成分、结构、功能、相互联系方式、历史发展等方面进行综合考察，它是系统方法最为突出的一个特点。系统方法还突破了传统方法的局限性，但又不是一般的否定分析，而是把分析与综合有机地结合起来，其出发点是综合，又在综合的指导下进行分析，然后再回到综合。

（5）最优化。最优化即通过系统的要素、结构以及与环境的关系，经过科学的计算、预测，做出系统目标的多种方案，从中选择最佳的控制和最优化的管理。当然这里的最优是一个相对的概念，只有更好，没有最好。系统的目标往往是多元化的，甚至有的是直接对立的，在对立的系统中寻找整个系统最优化总目标的确是非常困难的。

总之，动态性、整体性、最优化、综合性和模型化都是系统方法的基本特点，也是运用系统方法的基本原则。前两个是基础，第三个是目标，后两个是手段。

系统方法的广泛应用，推动了自然科学、人文社会科学、应用技术、管理科学等的新进展，同时也带来人们思维方式的变革。

（二）系统方法的价值

1. 可以提供制订最佳方案的手段

系统方法为人们提供了制订系统最佳方案以实行组合和优化管理的手段。在认识自然和改造自然中，在认识社会和改造社会中，系统方法可以帮助人们制订最佳方案，优化组合与管理，获得尽可能大的效益。

用系统方法将相互关联的过程加以识别、理解和管理，有助于高校提高实现目标的有效性和效率。学生思想政治教育的过程是相互关联和相互作用的，每个过程又都会在不同的程度上影响着学生思想政治教育的质量。要对各个过程实施系统的控制，确保学生思想政治教育预定目标的实现，就需要建立学生思想政治教育质量系统管理体系，运用系统体系管理的方法，控制各个过程，才能有效和高效地提高学生思想政治教育的效果。

2. 可以提供新思维

系统方法突破了传统的只侧重分析的机械方法的束缚，指导人们从总体上进行思维，探索科学技术发展的新思路，建立综合学科、交叉学科和边缘学科，不仅能够促进自然科学与社会科学的统一，还能够促进科学家与哲学家的联盟，帮助人们打破两种科学、两种文化的界限，建立统一的世界图景和文化图景，构建系统的自然观、科学观、方法论和系统的人类社会图景，防止思维的狭隘和偏激。因此，系统方法对于当代学生思想政治教育来说就显得尤为重要。

第四节　学生思想政治教育的途径

一、发挥课堂教学的育人功能

学生思想政治教育课堂教学是高校学生思想政治教育的主要路径，它居于主导地位，是中国特色社会主义教育事业的重要组成部分，是对高校学生系统进行马克思主义理论教育的主渠道和主阵地，为培养中国特色社会主义现代化建设事业合格人才和社会主义事业接班人发挥着积极作用。课堂教学主要有启发式教学、讨论式教学和案例式教学等。

（一）启发式教学

启发式教学的核心是在教学过程中激发学生学习的主动性和积极性，调动和培养学生的启发思维，教师在课堂的教学中通过举例子、课堂讨论、提出问题、创设启发情景等方法，在课下通过布置作业、课外指导等各个教学环节指导学生掌握获得知识的方法，培养学生根据需要处理各种信息的能力。启发式教学过程中，教学的中心转移到学生身上，重视调动学生学习的主动性和积极性，教师作用的发挥取决于学生主动性和积极性的调动。

（二）讨论式教学

思想政治理论课的讨论式教学是指在教学过程中，为了实现思想政治理论课教育教学目标，教师引导学生自学、思考有关内容，以系列内容为线索，师生之间以及学生相互之间利用讨论、辩论等形式，通过问题的思辨过程相互启发，达成思想共识，提高思想政治理论水平和能力的一种教学模式。

讨论式教学是以系列问题为线索展开教学的一种教学模式，系列问题是指具有系统理论逻辑联系的问题，是实施讨论式教学模式的核心。讨论式教学是以师生、学生相互之间的自学与讨论为主要教学方法和手段的教学模式，其实质是一种互相启发学习的教学模式。讨论的精神实质是启发式教学思想，通过钻研问题、发言讨论，师生能相互从他人的发言中得到有益的启示，通过启示重新组建自己的知识和认知体系，进而获得发展。

（三）案例式教学

案例式教学是指教师根据教学目标和教学任务的要求，运用精选出来的案例材料，使学生进入某种特定的事件、情境之中，通过组织学生对事件的构成进行积极主动的探究活动，从而提高学生创造性地运用知识、分析和解决实际问题的能力的一种教学模式。案例式教学具体包括以下两类。

（1）从例到理型。教师引导学生运用案例，经过分析、讨论和研究，从中发现规律并按照规律解决实际问题。

（2）从理到例型。在教师的启发指导下，学生运用基本概念和规律，用案例来解释和证明基本原理，从而获得解决实际问题的能力。

上述两种类型的案例教学虽然各有不同，但是都体现和符合认识发展的一般规律，都可以运用到思想政治理论课的教学中来。

二、利用网络平台的育人功能

（一）坚持正确的政治方向

高校网站建设应坚持正确的政治方向，在建设中以社会主义核心价值观为基础，社会主义核心价值体系体现了社会主义的本质特征，代表了国家发展和社会进步的价值取向，具有一定的政治性和严肃性，为此，高校需做好以下工作：①要对教学资源进行审核，坚决抵制不符合社会主义核心价值体系的内容；②要营造好社会主义核心价值体系教育的氛围，使其对学生产生潜移默化的影响，使学生在思想上接受社会主义核心价值体系并且将其逐渐内化为自我价值取向。

（二）提高网站吸引力

高校思想政治教育网站建设必须在马克思主义指导下，以社会主义核心价值观为引领，充分反映中国特色社会主义理论成果，并结合学校的实际，体现时代精神和创新精神。教育网站在内容和形式上要有创新，使网络思想政治教育的内容更加具有针对性、多样性、灵活性和实用性，也需要更贴近实际、贴近生活、贴近学生，设置范围更广、涉猎更深的栏目，使其符合学生需要，能够解疑释惑，提高教育工作的吸引力和感染力，满足学生成才的实际需求，实现高校学生的全面发展。

（三）推进网络团队建设

在我国网络思想政治教育团队中，学校的教育团队是一大亮点。特别是在我国高校中，所有参与到思想政治教育工作中的人员都应当受到应有的重视，并需在尊重学生客观需求的基础上组建高效率的教师和管理团队，通过开展学校内部以及学校之间的活动，广泛实施学校网络思想政治教育。肯定人、重视人，为师生充分提供发挥才能的广阔平台，合理利用校园网络，促进高校学生综合素养的根本性提升。

党组织是高校网络思想政治教育模式中的核心力量。高校应在学生群体中不断发展和培养入党积极分子，发挥学生党员的带头示范作用，积极展开学习讨论，对在使用互联网过程中学生群存在的各种问题做到及时跟进、有效解决，用马克思列宁主义、毛泽东思想、邓小平理论、"三个代表"重要思想、科学发展观、习近平新时代中国特色社会主义思想武装头脑，抵制网络上的不良信息，使学校网络思想政治教育始终向着正确的目标迈进。

辅导员是高校思想政治教育队伍的重要组成部分。无论是在思想政治教育中，还是在学生日常生活中，辅导员都起到了重要的引导作用。他们除了在学生思想上把关外，还要关注学生日常生活，配合任课教师高效率完成专业课以及思想政治教育方面的教学目标。

三、利用社会实践的育人功能

中共中央、国务院《关于进一步加强和改进大学生思想政治教育的意见》明确指出："社会实践是大学生思想政治教育的重要环节，对于促进大学生了解社会、了解国情，增长才干、奉献社会，锻炼毅力、培养品格，增强社会责任感具有不可替代的作用。"因此，加强和改进高校学生思想政治教育，必须充分认识到社会实践教育的重要意义，研究社会实践的困难和问题，探索社会实践的有效途径和方法。

（一）大力推进高校社团型社会实践

社团是由兴趣爱好相同的学生自发成立的，具有自己的目标、组织章程以及活动方式的学生群体组织。社团在社会实践上具有惊人的号召力，高校应加强学生社团的管理，引导学生组织和参加积极向上、健康有益的实践活动。

1. 树立以学生为本的服务理念

牢固树立学生思想道德教育以学生为本的观念，尊重学生的主体地位，尊重青年的身心性格特点，遵循学生的成长规律，这是社团做好高校学生思想道德教育工作的基础。

2. 建立社团型社会实践的长效机制

社团虽然有自己的目标、组织章程，但是各方面均不完善。高校应担负其主要管理和引导职责，保证社团的稳定健康发展。高校各部门应坚持"宏观控制，微观搞活"的基本原则，充分发挥出社团对学生实现自我教育、自我管理、自我服务的作用，让社团活动各具特色，形成勇于创新的社团实践活动的新局面。

（二）加强和完善高校社会实践组织管理

高校要从思想上高度重视，加强对社会实践活动的支持和指导，调动各职能部门进行科学合理的统筹安排，上下结合形成合力，才能最大限度保障高校学生社会实践的顺利进行。

1.建立领导机制

设立校、院（系）两级领导机构，建立和完善责任制、督查制、报告制等管理机制，加强社会实践工作领导。校级领导机构要在明确责任分工、优化资源配置、协调工作冲突、进行督促检查、开展专题培训等方面发挥主导性作用；院（系）级领导机构要在策划部署、人员配备、考核评定、社会实践基地建设等方面发挥关键性作用。教学管理部门要抓好属于"第一课堂"的专业实习类社会实践活动；学生管理部门、党群组织要抓好属于"第二课堂"的军事训练类、生产劳动类、社会调查类、勤工俭学类社会实践活动。

2.建立指导机制

没有高水平的专业指导，就不可能有高质量的社会实践活动。高校应建立校、系两级指导教师团队。在此基础上，要进一步完善指导机制，为此，高校应做好以下两个方面的工作：①通过加强课程建设，建立和完善高校学生社会实践培训课程体系及课酬制度，来推进校级指导教师团队的知识化和专业化建设；②通过建立高校学生社会实践指导教师进修培训制度和活动补助制度，来推进学校、院（系）指导教师团队的建设。

3.建立激励机制

社会实践活动的最终受益者是学生。如果学生在活动中缺少积极性，只是被动地参与，那么这样的社会实践活动就没有什么时效性可言了。因此，必须从学生在社会实践活动中可以获得什么或者说作为活动组织者可以通过社会实践活动给予学生什么这个根本问题出发，建立完善的激励机制，才能实现学生从"要我参加"到"我要参加"的转变。

4.建立保障机制

开展高校学生社会实践活动是有风险的，也是有奉献的，因此有必要建立学生社会实践投入和风险保障等机制：①要建立学校、学生和社会三方共同参与的多元投入机制；②要建立社会化的风险保障机制。

四、利用校园文化的育人功能

校园文化作为一个由师生员工、校园景观等众多独立要素构成的开放系统，在促进高校学生社会化中构成了"隐性课程"，常常强烈地表现出调节约束功能、集体意识功能和教育导向功能，是思想政治教育富有成效的途径之一，具有坚定信念、涵养德行、开阔胸襟、启发智慧、提升情趣、健康身心的作用。

因此，要注重优化高校思想政治教育发展的校园环境，注重将校园内部和外部环境相结合，建设有特色的校园环境，在提升校园形象的同时为高校思想政治教育发展提供良好的环境。

（一）加强校园环境建设

1.注重优化高校校园内部环境

高校在优化校园内部环境时应该注重校园文化墙和校园广播的宣传功能，通过对当前政策和国际热点事件的宣传和解读，培养学生认识和分析事情的能力，增强学生国际视野和学术能力的培养；高校还可以发挥"餐厅文化"的积极作用，通过布置节约粮食的相关标语，使学生深知粮食来之不易，培养学生节约、勤俭的习惯，加强学生的素质，进而为思想政治教育的开展奠定基础；除此之外，高校优化校园内部环境时还应该注重和谐校园环境下互助型教学模式的构建，在高校思想政治教育发展时坚持德育与智育相结合的原则，不同学科之间互相相互交流，在交流互动中不断丰富彼此学科的内涵；优化高校思想政治教育校园内部环境的过程中，还应该加大对"校园贷"等非法活动的宣传力度，杜绝"校园暴力事件"和"校园霸凌事件"的发生，使学生树立正确的意识，提高明辨是非的能力。此外，在优化高校校园内部环境的同时，还应该注重校园特色环境的建设。

2.注重优化校园外部及周边环境的建设

校园外部及周边环境对高校思想政治教育的发展也有重要影响，因此应该加强高校周边环境的监管。通过加强对校园周边流动商贩、"黑网吧"以及娱乐场所的管理，为学生营造良好的环境。此外，还应该加大对校园周边餐馆的监督和检查力度，加大对缺乏营业执照的商铺的惩罚力度，从而最大限度地保证学生用餐的质量和卫生，从源头上避免食品中毒事件的发生。高度重视高校校园周边环境的建设，为高校开展思想政治教育和学生的成长创造良好的校园环境。

（二）加强组织及制度建设

高校校园文化建设不仅应调用外部环境的力量，而且还需要内部规章制度框架的支撑，从而形成内外合力与共识，促进校园文化环境的协调发展。

1.加强组织领导

在高校文化建设中，政府可以利用以下管理方式，从自身职能的角度促进其建设发展：①政策方式，通过制定相关政策引导学校进行文化建设；②经济方式，通过制定相关政策奖励和招标等教育经费分配过程中通过合理的倾斜来调整提高文化方面的投入；③信息服务的方式，通过提供信息服务来使学校有选择地决策自己的行为；④监督评价方式，政府教育部门通过检查、鉴定、评估等活动来对文化建设情况进行检查监督。

2. 完善校园制度

良好的高校制度建设既能起到激励和约束作用，形成良好的校风、教风、学风，又能全面协调学校上下各部门及全体教职员工的关系，实现科学管理，构建师生成长的精神家园。完善校园制度可以从以下几个方面做起。

（1）以质量为核心，构建和实施全面质量管理制度。以实施学校全面质量管理为核心，在学校质量管理的点、线、面上，从学校发展目标确立、工作计划制订、考评督办检查到奖励惩罚等都形成一整套系统、全面、协调的管理制度。

（2）以规范为坐标，构建和实施教学管理制度。建立健全规章制度，规范教师备课、上课、实训、作业批改、命题、阅卷等一系列教学行为，使教师增强责任心和自觉性，并进行合理的奖惩制度，营造良好竞争意识的教风和学风。

（3）以成长为指引，构建和实施学生教育制度。高校应不断加强德育工作，注重德育的主动性、针对性、实效性，逐步形成学生的文明行为养成和守纪教育，民族精神、集体主义、爱国主义和民主法制教育，学生个性发展教育和心理健康教育，学生的实践能力和创新精神教育等各项德育制度。

第四章　新时期高校学生心理健康教育

随着社会环境的日益复杂，来自家庭、社会、学校和学生个人等各方面的压力复杂多变，导致高校大学生的心理问题频发。从国家、社会、学校层面来讲，都对学生的心理健康教育十分重视。基于此，本章分为学生心理健康教育的内容、学生心理健康教育的原则、学生心理健康教育的方法、学生心理健康教育的途径四部分。主要内容包括情绪稳定教育、认知发展教育、人际和谐教育、意志力优化教育等方面。

第一节　学生心理健康教育的内容

一、情绪稳定教育

大学生这个年轻的群体，其年龄和激素水平决定他们很多时候情绪上容易产生大起大落的情况，高校通过对学生进行情绪稳定教育，意在教会学生如何去正确认识自身情绪的特点，教学生一些自我控制情绪和排解压力的方法，使他们意识到不良情绪并不可怕，也并不代表不健康的心理，但是需要采取积极的措施应对，保持乐观、开朗的心态。避免因不良情绪引起的反应过度，如情绪的大起大落，避免心理失衡状况的出现等。情绪是大学生行为问题产生的主要原因之一，现今大学生中发生了很多过激性的行为，很多是由不良情绪失控造成的，其中有少数产生了严重后果。

二、认知发展教育

大学生的身体发育虽已经成熟，但心理的认知程度在很大程度上还不够成熟，学校开展认知发展教育可以帮助学生对自身的多个方面有更清晰、全面的了解，以及对自身的发展水平有一定程度的了解，学校也可以采取科学的方式，让大学生意识到他们存在的某些不正确的认知，并通过对这些认知的了解和纠正使自己得到进一步发展。认知教育中最重要的内容是对学生进行的学习指导，并通过指导能够较快适应大学学习的特点，科学掌握学习方法，养成自律的学习习惯，学会独立思考，具备必要的探索精神，同时学会调节自身在学习上的心理及行为，进而提高学习效率。

三、人际和谐教育

人际和谐教育是指教育学生人际交往关系的基本知识、人际交往特点规律及其他相关内容，并通过对学生的训练逐步对其人际交往能力进行培养，使学生学会如何与他人和睦相处，如何有效、和谐地与他人进行沟通，并具备换位思考的能力等。具体表现为在学习生活中乐于同他人合作，掌握基本的交往技巧；懂得如何与他人保持友好、融洽的人际关系；在交往中做到彼此尊重、互利互惠的基本原则；能够在群体中发挥自己的作用，找到自己在群体中的位置。

四、个性健全教育

在接受个性健全教育后，学生能准确地对自身做出客观的评价和清楚的认识，增强自己的教育能力，矫正自身的不良个性，并通过一定的训练形成积极、上进、开朗、乐观、热情、有同情心、正义感强的优良人格。个性健全教育应对全体学生进行发展性教育，同时对个别问题学生进行矫正、指导，争取做到使每位学生的人格都能得到健全发展。

五、积极适应教育

高校开展积极适应教育的重点对象是大学新生，它可以引导新生更快地融入大学校园这一新环境，帮助大学生尤其是大一新生积极主动地克服自身对环境变化的不适应，并主动转换自己的学习习惯、生活习惯、社交习惯等，更好地去适应大学校园生活的方方面面，保证学生更好地融入校园。大学生的积极适应教育涉及学校环境方面、学习方面、生活方面、交往方面、恋爱方面、自我心里认识和发展方面、竞争及就业方面等许多内容，学生需依靠自身努力增强其社会适应力和心理承受力，懂得如何进行自我调节及心理适应，而高校的心理健康教育也应起到帮助大学生提高心理适应能力的作用。

六、恋爱观教育

大学生刚刚成年，处于这一阶段的大学生，他们的生理已接近成熟，大学生对爱情的朦胧和渴望也随之而来，很多大学生也开始有了对性的探索和冲动。在这个时期对大学生进行恋爱观教育是十分重要和必要的，通过对大学生进行性教育，可以避免大学生因为对性的困惑造成不必要的问题或麻烦，进行恋爱观教育可以使大学生对爱情的本质更加深刻了解，对性行为、性道德等方面树立科学的观念和行为规范。因此，高校对学生进行恋爱观教育也是心理健康教育中一项不可忽视的内容。

第二节　学生心理健康教育的原则

一、针对性原则

在学生心理健康教育过程中，首先应该针对学生的心理发展特点来进行。其中针对的主要内容包括以下几个方面。

第一，针对大学生的年龄特点。教师在进行心理健康教育时，首先应该对大学生的基本特点进行具体的了解，选择出符合他们的年龄特点和需要的教学内容、方式和方法。

第二，针对性别特点。不同性别的个体，其心理发展也会有所差异，这就要求在进行心理健康教育时，要针对学生的不同性别特点，依据现代差异心理学的研究成果，帮助个体的心理状态向健康方向发展。

第三，针对学习的表现特点。依据学生在心理状态上的表现不同，选择适宜的内容、方式和方法来进行心理健康教育。

第四，针对学生的个性特点。"人心不同，各如其面"，学生的个性特点不同，只有针对不同学生的个性特点进行教育，才能收到理想的效果。

二、教育性原则

在学生心理健康教育过程中，教育性原则主要是指要重视学生积极进取精神的培养，帮助其树立正确的世界观、人生观、价值观。虽然心理健康教育在任务和内容上，与思想政治教育和道德教育有着一定差异，但是，其根本目的是一致的，都是希望帮助学生明白"做人"的道理，使学生在树立正确的世界观、人生观、价值观的同时，形成良好的品德和心理素质，努力将其培养为符合社会主义现代化所需要的人才。学生心理健康教育的内容一定要与时俱进，要能够充分体现出社会主义精神文明的本质特征和时代特征，应当把培养学生良好的心理素质、促进学生心理健康同学生的世界观、人生观和价值观的教育有机地结合起来，使学生在接受心理健康教育的同时，学习掌握正确的思想方法，建立积极的思维模式，养成高尚的道德情操，发展优秀的心理品质，不知不觉地受到辩证唯物主义思想的启迪。教育性原则鲜明地体现了我国学生心理健康教育的特点与要求。

三、发展性原则

大学生正处于发展时期，其心理发展并未成熟，这就要求学生心理健康教育要采取发展性的教育模式。因此，学生心理健康教育要将一切工作都围绕"促进个体心理发展"来进行，将重点放在通过积极地指导学生日常的学习与生活，培养学生良好的心理素质，促进学生身心全面和谐的发展。贯彻发展性原则，需要教师采用发展的、变化的观点来看待学生，要相信学生自我成长的意愿和潜力，对学生的未来持乐观态度。对于学生身上出现的各种心理问题，不必大惊小怪，但要充分重视，积极地给予引导和帮助。学生身上出现的各种心理问题，都与成长有关，如果给予适当的教育和帮助，完全是可能解决的。坚持发展性原则，要正确处理防治各种心理疾病、心理问题和促进学生形成健全的心理品质之间的关系，做到以发展学生健全的心理素质为主，以防治各种心理问题、心理疾病为辅。

四、艺术性原则

学生心理健康教育工作不仅是一门科学，同时它还是一门艺术。这也是对广大进行心理健康教育的工作人员提出的一项新的学习任务。在学生心理健康教育的过程中，教师要充分掌握心理健康教育工作的理论知识与技能、技巧，并通过生动形象的言语、表情和其他教育手段来理解学生的心灵，找到打开学生心灵的"钥匙"，促进学生的心理与行为朝积极的方向转变。

五、点面结合原则

每一名大学生的心理健康状况、心理健康发展水平是不相同的，因此在进行心理健康教育时的侧重点也不尽相同。少数大学生可能存在着严重或较为严重的心理疾病和心理障碍，需要更进一步的辅导与教育；有些学生可能存在一时轻微的心理消极反应，进行及时的辅导便可以解决问题；而对于更为广大的大学生来说，他们需要最多的是心理健康的知识。高校在对学生进行心理健康教育时需要注意点面结合，既在加强对全体学生心理健康教育上的着手，也要做好对少数存在问题学生的教育与辅导。

六、平等尊重原则

在心理健康教育工作中，遵循平等尊重原则尤为重要。由于大学生处于心理发展的敏感期，很容易受到身体环境的影响。教师在进行心理健康教育时，如果出现偏向，很容易对学生的心理健康产生直接的影响。教师必须要用平等尊重的态度来对待每一个学生，对所有学生一视同仁，特别是对那些心理上不健康或有心理疾患的学生更应如此，以确保心理健康教育在民主型师生关系中进行，并取得圆满结果。平等尊重原则与主体性原则是相辅相成、彼此依存的，如果教师没有对学生做到平等尊重，就很难在师生之间形成民主的气氛，学生的主体地位更不可能实现。在学生心理健康教育过程中，教师要认真贯彻平等尊重原则，杜绝居高临下式的说教，要采用彼此平等的讨论和沟通方式，避免采用强制性的手段逼迫学生接受教育和训练。

七、学生主体性原则

任何教育只有转变为受教育者自身的能动活动，树立其主体意识并体现其主体参与，教育目的才能很好地得以实现。学生心理健康教育也必须倡导主体自我教育。在心理健康教育中，教师应引导学生主动参与多种多样的实践活动，使学生自我生存、自我认识、自我调控、自我激励、自我表现发展的能力不断得到提高，使学生学会自我心理调适的方法，消除负面情绪的影响和心理困惑，促进他们心理健康的自觉意识不断得到增强。

八、协同工作的原则

在高校教育工作中，心理健康教育是一个非常重要的组成部分，它具有很强的渗透性，我们不能将其作为孤立的工作形式来进行，要将其与学校的各项教育、教学工作进行有机的结合，实现相互之间的协同发展。协同工作的原则具体表现在以下几个方面。

第一，从教育体系来说，心理健康教育应渗透到各种教育活动之中，使心理健康教育的要求与德、智、体、美的教育要求结合起来。

第二，从具体课程来说，心理健康教育应渗透于各门学科教学之中。

第三，从学校工作来说，心理健康教育应渗透于教育、教学、学校管理之中。

第四，从学生活动来说，心理健康教育应渗透于课内学习和课外活动之中。

第五，从学校教职工分工来说，专职心理健康教育教师与其他教师应互相配合，共同承担学生心理健康教育的任务。

总之，只有多角度、多层次、多方面协同一致地进行工作，才能使心理健康教育的效果最大化。

第三节 学生心理健康教育的方法

一、优化环境法

优化环境法在学生心理健康教育中就是创设良好心理发展环境的方法。在高校的学习生活中，创造良好的心理发展环境是帮助学生形成健康心理状态和进一步发展的重要基础和前提条件。高校应该为学生创设出良好的心理发展环境，给予学生更多的安全感及愉快、和谐的氛围，实现师生关系的民主平等，形成开放、宽松、积极的学习气氛。在这样的环境中，学生的心理能够得到充分、健康的发展。

高校时期是学生个性成熟的一个重要阶段，学校环境如何，将会对学生的身心发展产生直接的影响。而作为个性主要基础的心理健康状况，与学生在学校生活中的体验更是有着极为直接密切的关系。如果一个学生在学校中的体验是紧张、压抑、沮丧的，那么他必然容易出现焦虑、恐慌、不安等心理问题、心理障碍，甚至心理疾病；反之，如果其在学校生活中的体验主要是轻松的、乐观的、积极的，那么他的心理状态就趋于良好，即使遇到心理问题和障碍，也能够比较容易得到解决。

高校还要对校园的文化观念进行大力调整，对一些不正确的校园文化观念要及时扭转和更正。这里所说的校园文化观念就是指整个学校对各种现象、事件带有倾向性的看法和思想，包括校风、学风和舆论。当前特别是要扭转仅以学习分数和能否升学作为判定学生的唯一标准这种根深蒂固的观念。三百六十行，行行出状元，各行各业的建设者都是国家需要的人才。同时，应美化、绿化校园，消除噪声；美化教室，使教室内保持空气新鲜，照明和色彩适度、和谐，使学生在其中生活学习有恬静、舒适的感觉。

良好的人际关系也是创设良好的心理发展环境的一个重要方面，特别是师生之间的关系影响更为明显。高校师生关系的状况是构成其校园环境的一个主要因素。从学生心理健康的需求出发，学校必须建立以尊重学生为基础的，民主、平等的师生关系。在这样的师生关系中，学生能够获得充分的安全感和对教师的依赖感，从而毫无顾虑地表达自己的思想感情，自然地表露自己的困惑和疑问，并且能够随时得到教师的理解和帮助指导，学生才会具有最旺盛的精力去开发自己的潜能，去发展自我，完善自我。这对教师提出了在传统的权威型教师角色中所没有的新的要求，面向每一个学生，理解每一个学生，接纳每一个学生，分享学生的喜怒哀乐。为此，必须对教师进行全员培训，帮助教师树立创造良好心理发展环境的意识，掌握一些心理健康教育的知识，并通过教师教育家长。在继续教育中对教师进行培训，通过家长学校对家长培训，都是行之有效的办法。

二、心理辅导法

对学生进行有效的心理辅导，可以快速帮助学生形成正确的心理状态。它可以根据学生心理发展特点与规律，由教育者设计和组织，以活动为基本方式，对学生的心理状态产生积极的影响，进而达到形成和改善学生心理健康的目的。例如，在心理健康教育过程中，采用团体讨论法、价值澄清法、角色扮演法等，都可以对大学生起到很好的心理辅导作用。

三、心理咨询法

心理咨询是一种以"从心理上进行帮助的活动"为主要形式的心理健康教育方法。它是通过人际的交流，对学生进行帮助、教育和提高的过程。常见的心理咨询方法有精神分析法、采访者中心疗法、行为疗法等。

四、心理评估法

心理评估是一种较为常用的心理诊断方法，它具有较强的客观性，通过心理学的方法和工具，对个体或群体的心理状态、行为偏移或障碍进行描述、分类、鉴别与诊断。在此过程中，心理评估者会采用各种测量方法和评价标准，来对所评估的对象进行一个客观的评价。具体的评估手段有问卷法、测验法等。

五、理论灌输法

学生心理健康教育的理论灌输法是有目的、有计划地向受教育者进行心理健康知识理论教育，或由受教育者系统地学习心理健康教育理论，逐步树立科学世界观的教育方法。灌输就是灌送、输入的意思，包括完整、准确地灌输理论，系统传播先进思想和科学方法。

在现实生活中，大学生世界观的形成和心理的发展变化，总是要受到外界各种观点、思潮的影响，不是这种思想、理论起着主要的影响作用，就是那种思想、理论起着主要的影响作用。以思想政治教育理论的理论灌输法为指导则可以有意识、有目的地让先进的思想和理论对学生的心理和意识起主要的影响作用，从而引导大学生的心理朝着健康的方向发展。

六、全面渗透、多渠道推进法

在学生心理健康教育工作中，采取全面渗透、多渠道推进的教学方法，首先就需要将心理健康教育全面地渗透到高校教学的各项工作、各科教学以及各项教学活动中去，并由任课教师根据本学科的教学内容与学习活动的特点渗透相应的心理健康教育内容。其次，就是要努力构建学校、家庭、社会的心理健康教育网络，将三股力量统一协调起来，这样就可以形成合力，来更加全面而迅速地促进学生心理健康的发展。

七、发展优先、防重于治法

在学生心理健康教育中，发展优先、防重于治，不仅是一种教学方法，更是一种先进的教学策略。它要求学校心理健康教育将重点放在对心理健康的发展和普及上，而不仅仅是将关注点放在对已经出现心理问题的学生的矫正和治疗上。学生心理健康教育的主要任务是为了促进学生正常健康的发展、成长、成才，所面向的是全体学生。因此，发展学生良好的心理素质，维护和促进学生心理健康，必然是学校心理健康教育的重点。

另外，预防是全面提高学生心理健康的一个重要途径，它可以防患于未然，可以在心理问题出现前就被避免，就算出现问题，在正确认识的指导下，也能够很快得到解决。因此，学生心理健康教育中的预防教育工作尤为关键。从心理健康的角度来看，培养学生良好的心理素质是对心理问题的最好、最根本的预防。这就要求在心理健康教育的内容和具体安排上，坚持发展优先，防重于治。

第四节　学生心理健康教育的途径

一、优化学生心理健康教育社会大环境

学生心理健康教育的社会环境是影响心理健康教育的一切社会因素的总和。学生心理健康教育是在一定的社会中进行的，必然受到社会环境的物质、制度和精神要素的影响。因而要提高学生心理健康教育的有效性，也可以从优化其社会环境着手，从巩固学生心理健康教育的政策环境、构建学生心理健康教育的社会服务环境两个方面着力实施。

（一）巩固学生心理健康教育的政策环境

近年来，《关于进一步加强和改进大学生思想政治教育的意见》《普通高等学校学生心理健康教育课程教学基本要求》《普通高等学校学生心理健康教育工作基本建设标准（试行）》等一系列有关大学生心理健康教育的政策文件陆续颁布，奠定了学生心理健康教育政策环境的基础。但学生心理健康教育政策的巩固和完善还有待增强，政策的生成、运行、发生作用的过程中需要完善相应的规章制度，探究其实效和规律，既要保证政策环境的多样性，也要实现政策环境的差异性，既要构建动态化的政策环境，也要确保政策环境的不可复制性，最终实现构建学生心理健康教育的政策体系目标。

因而，政策环境的巩固可以从以下两个方面着力实施。一是着力增强政策执行的监督评价机制，全面自查各高校对已有的关于学生心理健康教育政策的执行情况，专项督查学生心理健康教育课程设置和教材采纳，确保学生心理健康教育工作的开展在国家和社会发展的基础上稳步提升，使各地区心理健康教育工作能够均衡发展，各类高校学生心理素质的提升能够跟上全面发展的节奏。二是着力创新学生心理健康教育的政策环境，一方面要积极营造学生心理健康教育政策的宣传氛围，为社会大众普及和学习政策落实的典型经验提供条件和途径，利用新媒体技术宣传学生心理健康教育的创新做法和成绩，树立学生心理健康教育工作的先进典型，交流学生心理健康教育的成功经验；另一方面要完善学生心理健康教育政策中的不足，改进政策制定的程序，增强政策的科学性和实效性，形成一整套学生心理健康教育的政策体系，以强大的合力和与时俱进的更新速度持续不断地满足学生心理健康教育工作开展的需求。

（二）构建学生心理健康教育的社会服务环境

当前，学生心理健康教育队伍的师资力量有限，难以普遍满足学生心理问题的一对一辅导和教育的需求；同时大学生外出实习、参加社会实践、公共假期期间的心理辅导和教育也是不能忽视的领域。因此，全面覆盖的学生心理健康教育工作体系不仅需要高校心理健康教育教师的倾力奉献，而且也需要社区、企业以及社会公共服务机构给予足够的关心、帮助和支持，共同建设学生心理健康教育的社会支持系统，形成全社会关心帮助学生健康成长的良好环境。由此，可以从社区、企业、社会公共服务机构3个维度增强高校与社会的联动能力，构建学生心理健康教育的社会服务环境。

首先，在社区方面，要增强社区对学生心理健康教育知识的普及力度，营造践行社会主义核心价值观的良好氛围，实现团结、友爱、互帮、互助的邻里生活风尚，以积极的社会主义幸福生活的氛围教育学生、感染学生，促进其健康心理品质的形成。

其次，在企业方面，要增强企业对学生心理健康教育的重视和关怀，不仅要提升学生知识技能的实践能力，更要在企业实习期间实现社会人的心理和思想转变，要关心学生实习工作的心理发展变化，加强高校与企业合作对学生进行社会适应性的心理健康教育，增强学生的社会适应能力。

最后，在社会公共服务机构方面，一是要增强学生心理健康教育的责任和义务，广泛与高校心理健康教育队伍开展联合培养工作，丰富学生心理健康教育的途径；二是要健全对学生心理卫生疾病的社会保障，提供更加全面的社会公共保障服务，确保所有学生不会因心理疾病失去读书的机会，不会因病致贫、致难。

二、优化学生心理健康教育的学校环境

学校环境是通过具体的符号和环境文化来传达和塑造学生的心理素质。和谐、愉悦、宽松、人文的充满美感和富有教育因素的学校环境能够陶冶学生的情操，净化学生的心灵。因而优化学生心理健康教育的学校环境要从营造全员关心学生心理健康的和谐校园人际环境、深化校园文化建设着手。

（一）营造全员关心学生心理健康的校园人际环境

高校全体教师对学生的关心帮助，以及教师之间的和谐人际关系，是促进和提高学生健康心理品质的重要法宝。它可以帮助那些存在人际交往障碍、适应能力差的学生受到教师之间和谐人际氛围的感染，以此改善自己的个性品质，并且教师主动积极的关心学生是建立良好师生关系,让学生体悟人际交往温暖的基础。因而,营造全员关心学生心理健康的和谐校园人际环境可以从以下两个方面展开。

（1）高校全体教师都承担起关心学生成长和提升心理素质的职责，所有教师都必须对学生表现出真诚的关心和爱护，尊重学生，理解学生，能读懂学生的心灵，与学生的交心与谈心必须建立在真诚的基础上，并且需要掌握与学生建立良好人际关系的知识和技能，引导学生感悟真诚交往的愉悦和精神享受，帮助学生成为学校集体中被他人接纳和自我接纳的成员，提高学生的社会交往能力和自我认可感。

（2）充分营造教师之间的和谐人际关系，以高尚的师德与和谐的教师关系为小社会的模板，通过教师之间的和谐人际交往原则、风格、性格特征等感染和影响学生心理品质的形成，为学生积极、正面地认识社会提供范本，为学生主动融入社会注入强大的精神动力。

（二）深化校园文化建设

良好的校园文化是全校师生进行自我教育、自我提高、自我约束的无形力量，对学生心理健康有着巨大的催化作用。创造优良的校园环境，不仅是高校自身发展的需要，更是培养高素质高技能人才的需要。高校应充分发挥各自的有利条件，努力挖掘其环境潜力，丰富校园文化内涵，提高校园文化品位，为心理健康教育创造适宜的条件。

1. 营造优良的校园文化环境

优良的校园环境具有鲜明的教育作用，尤其是对学生个性品德的陶冶和导向功能，是其他教育形式难以代替的。一个人置身于优美的校园中，可以使郁积在心中的不良情绪得以释放，感情得以抚慰，有利于情绪驱向平衡，也使心灵得以净化，人品美化，感情高尚化，还可以使学习效果得以优化，身心得以健康发展。校园是学生学习、生活的主要场所，要使学生得到健康成长和发展，必须高度重视营造优良的校园文化环境。高校应统一布局、整体规划，在美学、心理学、教育学等有关原理的指导下，对校园进行精心设计和改造，保持校园的优美、高雅与宁静，力求校园的每个角落都能够弥漫着健康向上的气息，使学生始终处于积极影响之中，促进学生的身心健康。

2. 开展丰富多彩的校园文化活动

校园文化活动一般指除去课堂教学以外的校园文化活动。如书法、绘画、咨询、演讲等协会、学会活动，以及天文地理、理工农医、文史哲学等方面的兴趣小组活动等。丰富多彩的校园文化活动是培养学生积极向上、健康发展的有效载体。它可以陶冶人的情操、净化人的心灵，使人长期处于紧张的状态有所缓解。高校丰富多彩的校园文化活动是最具活力和征服力的活教材，是对学生进行心理健康教育的有效形式，可以使学生的精神面貌、理想信仰、心理素质等方面得到提升。高校必须正确认识校园文化活动的性质和意义，合理、统筹安排校园文化活动，对其进行认真引导与管理，有意识地将心理健康教育融入校园文化活动。校园文化活动的开展要以学生的心理需要为切入点，加强校风、学风、班风建设，形式、内容的设计要尽量考虑学生的心理需要，具有针对性、教育性和可行性，确保心理健康教育的全面性和有效性。活动要能为绝大多数学生所接受，并能得到广大学生的积极响应。活动要尽可能地营造一种积极向上、团结互助的良好氛围，使学生从中学会团结协助，以及形成公平竞争、表现自我的积极意识，感受学生生活的乐趣和成功的喜悦，潜移默化地形成健康心理。

三、优化学生心理健康教育的班级环境

班级是学生日常学习和生活的基本单元，是实现心理健康教育的基本单位，在学生心理健康教育中的地位不言而喻。优化班级环境，是学生心理健康教育班级工作的具体化，也是解决心理健康教育发展中困境的理想切入点。以班级为单位，班主任和辅导员为主导，面向全班学生，促进学生整体心理素质的发展是更加符合学生学习与生活需要的教育模式。

（一）提升班级心理健康教育队伍素质

班级心理健康教育队伍是班级心理健康教育环境中的主要影响者，也是班级心理健康教育工作的主要承担者，要优化学生心理健康教育班级环境就要围绕班级心理健康教育队伍素质的提升，以此带动班级心理健康教育水平的提升。为此，教育者可以从以下3个方面展开。

（1）长期培养班主任和辅导员的心理健康教育能力。从长远来看，要真正解决班级心理健康教育人员短缺和素质较低的问题，应从系统培养班主任和辅导员这些专业才能的角度入手，鼓励班主任和辅导员参加心理健康教育的研究培养，不断增强自身的专业能力和职业素养。

（2）短期以班级心理委员、班主任和辅导员为对象的培训。鼓励他们系统掌握心理健康教育的知识和技能，并在实践的基础上增强队伍的整体技能。

（3）班级心理委员和学生骨干的管理与培训。学生骨干是完成班级心理健康教育工作不可或缺的力量，也是营造班级心理健康环境和氛围的主导力量。一方面要加强班级心理委员的培训、上岗和考核的规范化和制度化，以心理沙龙、团体辅导、社会公益性活动等方式增强班级心理委员和学生骨干的合作意识、团队精神，打造具有凝聚力和较高心理素质的班级心理健康教育团队；另一方面要督促班级心理委员从学习、生活、交往、情感、危机事件等多个维度对本班学生的心理状况进行周汇报，全面掌握班级学生的心理发展状况，策划、编辑和出版班级心理小报，为班级提供心理健康发展的知识养料，营造班级健康心理的氛围。

（二）探索系统性的班级心理健康教育模式

班级心理健康教育的环境优化是一项系统工程，需要完善班级心理健康教育的措施，渗透到学生心理成长的班级环境之中，形成一致而连贯的教育合力。首先，应以心理健康教育为导向，开展形式多样的主题班会，营造班级崇尚健康心理的集体氛围。利用主题班会对学生进行心理健康教育，不仅能使主题班会的内容更加充实、鲜活，而且也能加深学生的认知和情感体验，促进他们的个性更加完善。班主任和辅导员还可以结合游戏、心理剧、主题辩论、脑力激荡等形式多样的活动，增强心理健康教育的班级凝聚力和感染力。其次，以班级为单位的团体辅导，也是帮助学生解决成长问题和营造集体精神的有力抓手。一方面可通过专门的心理健康教育课程中的团体辅导，在角色扮演、行为训练或价值澄清等教育方法中，实现学生对班级集体价值观、集体精神的认知和体悟；另一方面可在课余生活中的社会实践活动增加心理健康团体辅导，运用游戏等方式，开展符合学生兴趣爱好的心理辅导，在集体氛围下实现心理成长问题的解惑。由此，在组合拳似的系统性班级心理健康教育模式中让学生完全融入班集体的学习和生活，认知和体悟集体精神和价值观，获得集体的健康心理氛围的感染与熏陶，养成积极健康的心理品质。

四、发挥家庭在心理健康教育方面的重要职能

人的成长受很多因素制约，家庭无疑有巨大的影响作用。人对客观事物的了解，最初都是从家长的言行举止，也就是家庭环境开始的。高校的学生在进入学校前，较大程度上受到自身环境以及家长言论举止的影响。学校教育也不可能离开家庭教育而独立存在。没有家庭教育的支持，学校教育质量再好也不易取得明

显成效。此外，家庭是一个人在求学阶段的主要经济支柱和精神寄托，它对人的价值观、世界观、人生观的形成有着非常明显的作用，学生的择业创业观念也都或多或少受其影响和启发。一个人的家庭背景对其自身发展会产生或大或小的影响，父母对自己孩子的态度也将影响到教育行为的效果。因此，高校应该积极与在校生的家长进行沟通和交流，尤其是引导家长对学生创业给予精神鼓励或物质支持，让他们对开拓事业满怀信心和热情，有信心迎接挑战，学生家长也应积极配合校方做好心理方面的健康辅导工作。

家庭心理氛围不是孤立存在的，而是在家庭这个比较特殊的环境中，以家长的情绪为出发点，通过整个家庭的人际关系和物质条件、生活习惯、文化品位等各个方面综合得出。每个家庭都是个性化的，拥有不同的情调和气氛。心理氛围比较好的家庭，家长和谐互重，彼此理解，容易沟通，孩子可以获得更多真诚和理智的爱。家长情绪的好坏对心理氛围的营造起决定性作用。

父母无论是消极还是积极的心境都能被孩子感知，孩子会逐渐产生类似的心境，反过来作用于父母，二者互相影响强化，家庭心理氛围的反馈和网络结构就此形成。如果家长的情绪可以保持一致，心理调适就会变成一项简单的工作。家庭生活里，愉快温馨的氛围可以在很大程度上消除孩子从外界感知的紧张感或者压力，孩子可以充分感受到生活的美好，从而使精神更加愉悦。家长只要坚持平等、民主、正面的原则，相互尊重，就能使孩子感受到温暖，促进其心理健康发展。

总之，心理健康教育工作不只是学校的工作范围，而要积极争取家长和全社会的共同参与，形成"社会—学校—家庭"相结合的心理健康的网络系统，使全社会都关心、支持心理健康教育工作。同时，要充分认识家长和社会的作用，保持学校、家长、社会的有效沟通，为学生的成长建立一个健康的环境，共同推进大学生心理健康教育。

五、以积极的心理辅导方式促进学生心理健康

心理辅导和咨询的本性源是如何测量人的个性差异，更有效地进行差异教学，发挥人的长处，使人与职业更好地匹配，辅助人进行生涯规划，让人拥有更美好的生活。

目前，在高校心理健康教育工作中，心理辅导和心理咨询成为常用的个体辅导方式。高校的心理辅导和咨询方式着重于对有心理问题的同学进行心理困惑的

消除和心理病状的诊断。从咨询的情况来看，由于很多学生心理承受能力差，咨询只是为了满足他们当时的心理需求，当遇到新的问题时他们还会依赖心理咨询，不能进行自我调整。积极心理学认为，要想真正起到预防心理问题的作用，就不能只关注个体身上存在的弱点或者缺陷，而应该更多地去发现和挖掘个体自身的积极力量，调节个体内心的平衡，从而达到预防心理问题和治疗心理障碍及疾病的目的。

积极心理学指导人们从两个方面来寻求积极意义，其一是找出自身产生问题的根源，其二是基于问题本身去寻找积极的个体体验，以培养和增进个体自身的积极力量，从而与消极问题进行对抗。高校要把重点放在培养来访大学生自身发展的积极力量上面，通过采用积极的辅导和咨询方式来帮助大学生解决问题和丰富人生。在培养的过程中，可以通过运用积极的辅导和咨询方式来提高大学生的认识能力和自我教育能力，更好地与学生相互交流，借此来激发他们的认识能力，使大学生对问题产生积极的认识，使其能借助于积极认识的力量来扩大视野，摆脱心理阴影，保持一种良好的心态；最后通过激发学生积极的情感能力，帮助学生挖掘个人的积极经验和积极潜力，体验成功和成长带来的喜悦，让学生学会自我发现、挖掘和欣赏，促使有心理问题的大学生能在自我完善的基础上得到自我恢复和自我实现。积极心理学所采用的心理干预技术是积极的，它主要是采取挖掘个体自身所具备的人格力量等积极因素的方式。如在抵御个体心理障碍或疾病的过程中，希望和乐观、积极的自我等都是最好的良药。从积极心理学的角度来看，只关注个体身上的不足和缺点是不能起到良好的预防作用的，必须要在此过程中塑造个体各方面的积极力量，不断发现学生自身的积极潜能，相信学生拥有自己治愈疾病的能力和具有构建良好心理状态的能力。在心理干预方面，应将关注的重点放在心理健康教育积极品质的挖掘上，通过借助大学生自身具有的积极潜能，有效地预防可能出现的心理问题。

六、组建专职与兼职相结合的心理健康教育队伍

学生心理健康教育工作的成效很大程度上取决于实施教育的这支队伍的素质，尽管高等学校开展此项教育和咨询工作已有十多年的历史，但这项工作还远远不能适应高等教育飞速发展的客观形势，远远不能满足广大学生日益增长的心理需要。实施心理健康教育的大多数教师没有接受过正规、系统的心理科学知识和技能的训练，对现代心理咨询技术懂得较少，在教育和咨询的实践中，难以保

证取得良好的效果。高校应按照《教育部关于加强普通高等学校大学生心理健康教育工作的意见》，有计划、有组织、有目的地加强对专、兼、聘职教师的长短期培训，增强他们的责任感、服务意识和接受与掌握新观念、新方法与技巧的自觉性，提高他们开展心理健康教育工作所需的专业知识、技能、业务水平和科研能力；同时还应以案例分析会等形式，组织教师之间互相学习、互相启发、互相促进。高校要建设一支高素质的心理健康教育的教师队伍，使心理健康教育工作逐步走向健康轨道。加强高校心理健康教育教师队伍建设可从以下几个方面着手。

（1）专职心理辅导教师队伍的建设。随着教育体制改革的不断深入，各高校规模都有很大发展，每一所高校都应有一定的专职心理教育教师编制。心理辅导教师负责学校心理健康的规划和实施方案的设计，建立学生心理档案，为学生开设心理教育课程和讲座，开展各种心理辅导培训和心理咨询、治疗工作。加强专职心理辅导教师的培养和系统的专业训练，使其掌握新的心理测量技术、心理咨询、治疗手段和方法，提高专职队伍的专业水平，适应高校心理健康教育发展的需要。

（2）专职思想政治工作教师的培训。在学生中培养一批心理咨询员、朋辈辅导员。由于他们与学生接触多，最易了解、掌握、发现学生中存在的各种心理问题及其原因。因此，对他们进行培训，除了介绍、了解心理健康教育的基本理论外，还应讲授心理咨询等方面的专业知识和方法，使其能配合专职心理教师开展心理健康教育。

（3）针对当前高校心理健康教育效果不佳的现状，设立能担负高校心理健康教育工作的专门机构，如成立心理健康教育中心、心理健康辅导站等，负责全校心理健康教育计划的制订、协调和实施。只有机构落实，人员到位，心理健康教育的开展才有保证。

高校可以通过对教师的专业心理咨询的培训，以个别咨询的方式来帮助学生，促进心理疾病的矫正，应争取借助心理咨询技术来解决学生的心理问题。还可以根据来访者的问题相似性，将来访者编成小组，通过共同商讨、训练和引导，解决来访者的共同问题。这种主要采取个别辅导方式、事实上开展团体咨询的模式有利于解决一些共同问题，还对克服一些心理健康问题如人际关系、学习方法、自信心、害羞、孤僻等有特殊功效，使其咨询效果能够得以巩固。还可以利用网络的特点，及时、快速地通过网络来对个别学生进行心理辅导。重视学生心理健康教育的有效指导，完善教育的三级网络——校级心理健康机构、院系级心理健康组织、班级学生心理健康小组。校级心理健康机构应由专职的教育工作者进行管理，组织协调校、院系的学科教师、德育工作者和医务人员等人力资源，通过对学生的辅导及心理训练活动，有效地为学生提供心理健康的指导。院系心理健康组织，应由院系主管学生工作的领导和班主任、辅导员组成，在学校心理健康机构的领导下，有针对性地对学生的心理问题给予及时、必要的服务。班级学生的心理健康小组，应由志愿为同学服务且心理素质较好的学生组成，在与同学朝夕相处的学习生活中，给予那些心理需要关怀的学生以经常性的帮助，并能将有严重心理障碍学生的情况及时地向所在院系学校的心理保健机构与组织反映，避免学生由于心理健康问题而引发恶性事件。

第五章　新时期高校学生创新创业教育

明确高校创新创业教育的内容和原则，有利于更好地确定教学方法和探索路径。在教育实践中，高校应注重引导学生在实践中更好地融入社会，承担应有的责任，使身心发展得以健全。为此，高校必须要高度重视高校学生创新创业教育的相关理论以及教学方法和途径。本章分为学生创新创业教育的内容、学生创新创业教育的原则、学生创新创业教育的方法、学生创新创业教育的途径四部分，主要内容包括学生创新创业教育的内容、学生创新创业教育的原则等。

第一节　学生创新创业教育的内容

一、学生创新创业教育内容制定的原则

（一）社会需求与个人需求相统一

首先，教育内容的选取要根据社会需求来确定，可以通过社会调查向社会各方征询意见，但调查所选取的样本需要有较好的代表性，而且样本容量要足够大，即调查的总体单位要足够大，调查才会有较好的信度和效度。其次，教育内容的制定需要向有关的专家学者征求意见，要反映社会的普遍需求，而不是片面需求。再次，教育内容的制订还需要结合大学生个人的需求，要根据大学生的发展来进行确定。可以深入大学生群体进行调查，调查其是否学习过创业相关课程以及对相关内容的教育现状做出评价，也可以向有关专家征询意见，向熟悉学生情况的教师、专职辅导员及发展教育学专家咨询决策建议。最后，保证所制订的创新创业教育内容既能反映一定的社会需求，又能满足大学生个人对创新创业教育的需求，真正实现社会需求与大学生个人需求相统一。

（二）科学性和思想性相统一

教育内容的制订要遵循科学性和思想性相统一的原则，即在创新创业教育与教学过程中既要向学生传授创业的科学文化知识，同时还要进行创业的思想道德教育和道德品质教育，因为二者具有内在统一性。大学生创新创业教育内容的制定既要明确创新创业教育知识必须是科学的、系统的，还要注意学科知识体系的严密性，正确阐释有关创业的科学事实和概念，让大学生正确理解和把握教材中包含的创业科学知识，并在此基础上紧密结合教材内容，向大学生介绍创业的最新科研动态、先进的创业思想和杰出的创业代表。真正的科学知识不仅能够提高大学生认识客观世界的能力，而且能够培养他们正确的价值观以及正确的生存理念。离开具体、科学的教育内容，空泛说教或牵强附会地进行所谓的思想道德教育，不仅会削弱基础理论知识的教学效果，而且根本达不到思想教育的目的。

缺乏思想性也无法体现科学性，即科学性应与思想性结合起来。在创业内容的制定过程中，科学性和思想性也应互相结合，它是教育内容内在属性和客观规律的反映。社会主义高校创新创业教育的内容应该能够把创新创业教育的科学性和思想性紧密结合起来，使之相辅相成，相互促进。

二、学生创新创业教育内容的组成要素

设计教育内容是构建和开展教育内容前应首先思考的问题。大学生创新创业教育作为大学教育的一部分，要想选取最基本的、首要的内容，就需要对大学生创新创业教育的内容构成进行剖析。大学生创新创业教育的内容首先应包含大学教育的3个层次：知识、能力和技能、价值观念和态度。同时要注意教育内容从旧三层向新三层位移，即由注重知识层面的教学向注重价值观念及态度层面的塑造位移，且应充分结合大学生创业的知、情、意、行。因此大学生创业的内容主要应涵括：创业意识的激发、创业素质和能力的培养、创业机会的识别、创业风险的规避、创业团队的组建、创业计划书的编制、创业实践平台的提供与搭建等几大基本组成要素。这里将主要介绍其中的两个要素，具体如下。

（一）学生创业机会的识别

创业机会是指通过创新的方式满足市场需求，为消费者创造一种新价值或提供增值的一种可能性，使市场由非均衡趋向均衡，是一种对创业者和社会均有利的机会。

创业机会的识别并非一蹴而就的，而是需要经过一定的程序，主要是围绕创业机会进行识别、开发和利用的过程。创业机会的识别是整个创业活动的起点，是创业成功的关键。识别合适的、最佳的创业机会是大学生创业者必备的重要技能，是大学生创新创业教育的重要内容。大学生创业机会的识别，具体包括以下3个阶段。

（1）机会搜寻。大学生创业者需要对整个宏观经济环境中潜在的商机展开搜索。如果大学生创业者能够意识到某一创意的潜在商机及其发展价值，即可进入机会识别的下一阶段。在这一阶段要培养大学生创业者学会用各种途径来激发和搜寻创业点子和想法的能力，学会把获取到的信息和已有信息进行匹配，从而发现新商机、新市场，为创业寻找新的路径。

（2）机会识别。通过第一阶段对创业机会的搜寻，该阶段是从第一阶段搜寻到的新创意、新商机、新市场中筛选合适机会的阶段。这一阶段包括两个步骤：①标准化机会识别。通过对宏观的市场环境、行业环境的分析来判断该机会在商业市场是否属于有利可图的商机。②个性化机会识别。主要考察对于特定的创业者来说，可获取的机会是否与创业者的资源、能力相吻合，是否与其兴趣点、价值期望相一致。

（3）机会评价。这一阶段主要是在对创业机会、创业的宏观及微观背景、主客观影响因素进行充分调查和了解的基础之上，借助并运用一些科学研究方法，主要是科学的统计方法和评价方法，以定性评价或定量评价为主，对创业团队和目标资源的相关组成要素进行预估，结合运用绩效评价指标体系，对财务等各项指标进行预测，用科学理性的分析工具和评价方法代替感性、直观的自我感觉，以此为大学生决定是否创业提供决策依据。

（二）学生创业风险的规避

1.创业风险的含义

创业风险是指在创业过程中，大学生由于受创业环境、创业机会、创业者自身及其团队等主客观因素的影响，致使创业结果偏离预期目标的风险性因素。按照大学生创业风险的内容来划分，大学生创业过程中可能遇到的风险主要包括资金风险、项目风险、资源风险、技能风险、团队风险、市场风险、法律风险这几种类别。

2.创业风险的规避策略

（1）树立风险意识。作为大学生创业者，创业风险的规避首先要树立正确的风险意识。创业风险会伴随整个创业过程，风险的识别也应持续、系统地进行，大学生创业者如果能够在企业未发生损失之前识别潜在的风险，那么风险是可以被规避的。风险识别是风险规避的起点。

（2）科学管理资金。任何创业都需要有启动资金作为保障，如店面租金、员工薪酬等。对大学生创业者而言，资金往往比较缺乏或者较为有限。大学生创业者应在预估融资结构、规模、期限、成本的基础上，寻找合适的融资渠道，同时对资金进行科学管理，健全财务预算的编制和管理，规避资金风险。

（3）打造核心团队。选择合适的创业伙伴，是大学生创业者获得成功的必要条件。团队成员在价值观念、个人利益、追求目标这些方面若存在分歧，最终都会影响企业的发展。在创业中要选择具有良好道德品质和个人素质的人作为伙伴，并建立良好的信息沟通制度，增强企业成员的内部凝聚力，打造核心团队。

第二节 学生创新创业教育的原则

一、广谱性原则

高校创新创业教育必须面向全体学生，融入人才培养全过程。从这个意义上讲，高校创新创业教育就不是简单地从大学生创业实体的数量判断，也不是创业项目成功与否的质量判断，而应该是大学生接受创新创业教育所获得的、以创新能力为核心的综合素质提升和职业精神培育的高等教育人才质量判断。

二、方向性原则

创新犹如双刃剑，只是工具，并不是方向本身，创新还不能单独成为目的，创新教育也不能代替现代教育的全部，它必须与道德教育整合，培养人的同情心和责任感，把人的创新精神与创新能力引向为人类造福的方向上来。创新创业教育旨在培养创新创业型人才，而人才是德才兼备的。创新创业教育要更加关注学生良好道德品质的形成。

三、一体化原则

高校创新创业教育必须坚持教育教学一体化，课内课外相衔接，校内校外相结合，坚持理论教学与实践教学融通合一，能力培养与工作岗位对接合一，专业学习和工作实践学做合一。创新创业教育不仅涉及学校内部的课程教学改革、实践活动开展、校园文化建设，更涉及学校外部的国家政策、社会环境等多个主体的配合。要走出"表层教育"的初级阶段，要在纵向上贯穿学生在校学习的全部过程，在横向上打通学校教育、家庭教育和社会教育的各个环节，实现"课内课外相衔接、教育实践一体化"，着力促进全体学生创新创业素质的训练和提升。

四、特色化原则

大学毕业生能否做到创意创新、真正创业，是自身禀赋和自主选择的结果，其前提是针对他们的创新创业教育是否真正做到了"分层次"和"差异化"。从这个意义上说，创新创业教育既需要从整体上进行顶层设计，更需要分层次、分阶段、分群体地具体推进。同样是创新创业教育，面对文科和理科两类专业特点迥异、思维方式悬殊的大学生，教育和引导的方式必然不同。同时，创新创业教育还需准确掌握同一专业学生在不同学历层次的阶段性发展特点，以动态视角开展与之相匹配的创新创业教育。

五、市场化原则

作为现代经济体系中最核心、最活跃的因素，资本市场与科技创新紧密关联，对创新创业经济活动发挥着至关重要的作用。今天的创新创业活动不再局限于某一领域的简单技术突破，日益呈现出广泛性、复杂性以及动态性等特点，比以往任何时候都更加需要大规模金融资本的支持。市场化原则就是要做到充分发挥市场配置资源的决定性作用，以社会力量为主，构建市场化的众创空间，以满足个性化、多样化的消费需求和用户体验为出发点，促进创新创意与市场需求和社会资本的有效对接。创新创业教育应该坚持市场导向，深入调研，设置不同的教学目标，建立起社会与学校、专业与经济的联动关系。

六、主体性原则

充分发挥学生的主体性，需要一种充分发挥学生自觉意识和能动作用的学习方式，这种学习方式必须让学生多置于活动的实际情境中。学生处于教学活动中的主体地位，教师虽起主导作用，但学生会根据个人的兴趣爱好，做出相应的选择。在高校教学改革中，"一体化""工学交替"等教学模式强调教师授课与学生实践合为一体，教师讲解完理论，学生能通过实际操作加强对理论的理解。企业与高校进行校企深度合作，不仅能够实现学生实训与就业的"零距离"对接，还能够充分调动学生的积极性、主动性和参与性，从而使学生的自主学习能力得到很大的提高。

第三节　学生创新创业教育的方法

一、案例教学法

由于我国高校开展创新创业教育的时间较短，在科学运用案例教学法（Case Method）来提高高校创新创业教育质量和水平方面，目前尚处于起步阶段。借鉴国外案例的比较多，结合国情和地方实际情况自编案例并进行完整意义上案例教学的高校比较少。因此，亟须通过深入研究来探索案例教学法在高校创新创业教育中具体应用的途径和方法，以此切实提高高校创新创业教育的质量并推动其不断走向深入。

（一）案例选材问题

案例选材的恰当与否直接决定着案例教学的成败。高校创新创业教育面向全体学生，这些学生来自全校各个专业，知识背景和专业兴趣有着很大差异，面对这种情况，如果照搬商学院或管理学院进行专业教学时使用的案例，则会使多数学生产生距离感，既无法吸引学生的注意力，更不能提高他们的学习兴趣，自然就不能主动参与课堂教学，所以在案例选材时要注意以下 3 点。

（1）选材的基本定位在于培养创业精神，而不是教学生开公司当老板。高校创新创业教育的基本定位是启蒙教育，通过开展这项教育要达到以下两个基本目的。

一方面，要让全体学生了解创业的基础知识、基本过程和基本技能，从而在广大学生的内心深处播下创业的种子。虽然多数学生可能不会创业，但会成为创业拥护者，为创业文化建设奠定基础。

另一方面，在教学过程中，发现那些对创业有着浓厚兴趣并想在大学期间或毕业时开展创业实践的学生，组建类似"创业实验（先锋）班"之类的组织，进行接续性的跟进教育，开展个性化培养，引导学生走上实际创业之路。

基于启蒙教育的基本定位和两方面的基本目的，在高校创新创业教育中，要重点选择那些能够培养学生创业精神的"打气鼓劲"型的案例，通过案例教学使广大学生认识到创业并不是高不可及，形成人人可以创业的基本态度和价值观。当然，在对大学生创业进行"打气鼓劲"时要注意把握适当的"度"，不过分渲染大学生创业成功，给学生以创业很容易成功的不正确暗示，使得不具备创业条件的大学生错误地走上创业之路。

（2）选材的基本方向在于结合不同专业特点，而不是"一例通教"。来自不同专业的学生都对与本专业密切相关的行业特别感兴趣，在这种情况下，选择案例的时候就要照顾到学生的基本专业特点。比如，当前 IT 创业比较流行，于是就有教师针对计算机专业的学生选择腾讯创始人马化腾的案例进行教学，收到了很好的教学效果。实际上大学里的很多专业都是适合创业的，如工程、艺术、体育、旅游管理等，但是由于学生不了解本专业的社会应用前景，一般对创业持悲观态度。在这种情况下，如果教师能够结合各个专业的特点引入案例，既会极大地激发广大学生的创业热情，更会调动他们努力学习专业知识的积极性。

（3）选材的基本原则是"就地就近"，而不是一味地追求"洋经典"。实际教学过程中发现，学生对于那些发生在自己身边的实例更感兴趣，讨论起来参与程度更高，而对于从西方引进的案例，除了几个耳熟能详的大公司和大人物之外，对于知名度不高的中小企业案例则很少有兴趣。从这一实际情况看出，在进行案例教学的过程中也要尽量选取身边的实例。

一方面，案例可以就地取材，我国经济具有很强的地域特色，长期发展过程中形成了晋商、徽商、潮商等著名商帮，改革开放以来又涌现出"苏南模式""温州模式"等富有特色的经济发展模式，对于这些地区的高校，完全可以就地取材，对学生进行案例教育。

另一方面，各个高校可以充分开发校友资源，将校友创业案例引入创业教育，用"身边人讲述身边事、身边事教育身边人"的办法开展教育，这样不仅易于学生接受，也能较好地激发学生的创业热情，培养他们的创业意识，帮助他们克服对创业的畏惧心理。

（二）教师角色问题

案例教学虽然改变了传统教学模式中的师生关系，但是任课教师的教学水平和实际表现仍然是教学成功与否的关键因素。创业教育中的案例教学主要以讨论的方式来进行,在讨论过程中教师应该扮演什么样的角色呢？是"裁判员"还是"运动员"？是"引导者"还是"助产士"？教师的正确角色定位对于案例教学的成功实施至关重要。有学者认为，教师在开展案例教学前，要调整自己的角色和心态，在教学过程中主要是"倾听、促进和引导者的角色"，这样的角色定位与传统讲授式教学中教师扮演的"知识权威"角色截然不同。但是，基于高校创新创业教育存在的大班级课堂、各专业交叉、学生准备情况参差不齐等特殊性，客观上要求教师有相应的角色定位。为此，在案例教学过程中，教师应做好以下几点。

（1）"倾听"而不"放任"。案例教学法强调的是不同观点的呈现，其突出特点是不提供明显且无争议的标准答案，但是不提供标准答案不等于不纠正错误观点。教师在认真倾听每一个学生发言、尊重每一个学生见解的同时，要注意错误的观点和认识，进行汇总之后，以适当的形式给予澄清，让学生了解不是"什么都行"。

（2）"促进"而不"限定"。大班级课堂一般都在100人以上，一堂课45min，做到每个学生都发言几乎不可能，在这种情况下教师一般采取分组讨论，每组选一名代表发言的方式，以此来促进学生的充分讨论。与此同时，不能把这种形式限定得过死，肯定有学生持有与各组发言不同的观点，要提供两三人自由发言的机会，供学生表达不同观点。

（3）"引导"而不"主导"。教师之所以要引导，是因为学生在讨论时经常会偏离主题，在这种情况下，教师要通过必要的引导使讨论向着课程目标前进。虽然案例教学讨论的方式是自由的，但是这种讨论是有方向的，即"有方向的自由"。教师的引导要注意把握度，既不能过早发表自己的意见，使学生不敢发表自己的独立见解，也不能以反对、嘲笑、谴责或命令的口吻来主导讨论进程。教师要和学生处于平等的地位，共同致力于知识的探讨，给学生以自由发言的信心，始终保持宽松、自由的氛围。

（三）适用性问题

案例教学法的优势是很明显的，但也不是没有不足。有学者指出，案例教学法的缺点或限制包括：应用案例教学法耗费时间和精力，应用案例教学法不利于中等以下程度或低年级的学习者，应用案例教学法仍不如实际经历，等等。特别是在高校创新创业教育过程中，由于条件和资源的客观限制，更是要充分考虑案例教学法的适用性。为此，教师在运用案例教学法时，应注意以下几点。

（1）要明确案例教学的目的重在激励学生的创业行为，而不在于对案例进行理论分析。针对这一问题，有学者尖锐地指出：目前在创业教育中占优势地位的案例教学方法，如果强调理论分析而不是自觉决策和创造性的实验，那么案例教学也是反创业模式的。为了有效避免占优势地位的教学方法退化为"反创业"的教学模式，关键在于准确把握开展案例教学的目的与精髓。

（2）案例教学法既不能与讲授法完全对立起来，更不能完全代替讲授教学，而是要与课堂系统讲授相结合。在学生通过课堂讲授系统学习了理论知识之后，并在进行综合实践和实训的过程中辅以案例教学，这样就"有利于学生通过案例将所学知识串联起来，而且便于主题讨论的展开，有利于学生创造性思维的产生和综合分析能力的提高，从而做到'以例激趣—以例说理—以例导行'"。通过两种教学方法的恰当配合，就可以充分利用"案例教学法"具有的实践属性和创新价值导向，丰富和完善讲授法的缺点和不足，实现理论和实践并重、传承与创新并举的全新教学方式。

（3）将案例教学、实践调研和多样化创业活动紧密结合。将案例教学向课堂之外适当延伸，将学生分成调研小组，利用课余时间亲自到企业进行调研。配合这些调研，适当开展小型多样的创业教育活动，如小组讨论、讲习班、网络教学等。在教学过程中，可以邀请校外专业人士或企业家进行客座演讲，积极吸收社会力量参与案例教学，增强案例教学的实效性和针对性。

二、项目教学法

项目教学法最早在欧美国家出现，其思想起源是欧洲的劳动教育思想。20世纪八九十年代，项目教学法在高等教育、职业教育、基础教育和成人教育中得到广泛应用，成了各国教育改革中的一种重要教学和学习模式。

有的学者将项目教学法定义为在教师的指导下，学生通过项目这个载体，以小组合作的方式，共同制订计划，倡导自主学习，将理论知识应用于实践的一种教学方法；有的学者也认为，项目教学法是一种"基于项目活动的研究性学习"，是教师将项目作为教学内容的载体，引导学生自主完成项目，使学生在教学过程中学到新的知识，从而达到提升学生自主学习能力、知识应用能力、分析与解决问题能力的目的。

（一）重要意义

1.有利于激发学生自主学习的主动性

项目教学法的实施，需要学生自主地发现问题，分析问题，并探索问题解决的思路和途径。在这个过程中，不管是问题的提出，还是小组成员的组建、研究资料的收集与分析研究、研究成果的展示，都交由学生自主决定和选择。在整个教学活动中，教师的角色只是一个指导者，将教学目标展示给学生，引导学生掌握项目完成的方法与技巧。这有利于培养学生的自主意识，激发学习热情，提高学生的学习能力，释放学生的创造潜能。同时，项目教学法往往需要学生走出校门，深入社会、企业、市场开展调查研究，这同样有利于激发学生的学习兴趣、挖掘学生学习的特长、培养学生的创新创业能力。

2. 有利于构建良好的师生关系

在项目教学法实施过程中，师生之间会在项目的选择、设计、实施、修正等问题进行不断的交流，这种交流必将使师生之间的关系、同学之间的关系更加密切。项目教学对学生的知识和能力的要求更高，需要各种知识的整合吸收，需要组员间能力的优势互补，需要小组成员的互助协作，每个成员不仅要完成自己擅长的内容，也要通过自身努力弥补小组的缺陷、漏洞，这有利于培养学生良好的协作意识和团队精神。

在项目教学法中，各小组的项目研究、项目成果会进行评比，也会引入激励措施，这将有利于培养学生的竞争意识和竞赛精神。当然，在项目完成过程中，师生之间、组员之间也会产生摩擦，但是在团队目标的引领下，通过不断磨合，会逐渐消除隔阂、矛盾，最终合力朝既定目标共同努力，进而使得师生的凝聚力更强，关系更融洽。

（二）注意事项

在高校创新创业教育中，以真实或模拟的项目为研究切入点，以开展项目为手段，能使大学生通过参与项目的方式激发其创业意识，培养其创业思维和创业能力，丰富学生的创业知识，并提高其综合素质。在高校创新创业教育中运用项目教学法，应明确以下4个问题。

1. 明确目标

目前，关于创新创业教育的目标，存在两种功利化的观点：①狭义地理解创新创业教育，把创新创业教育简单等同于"企业家速成教育"；②仅将创业作为缓解学生就业压力的权宜之计。创新创业教育作为企业生命周期的一个特殊阶段，有其深刻的意义。一个广为学者接受的观点是创新创业教育应以唤醒学生的创业精神与意识、提高学生创业技能及培养企业家行为为主要目标。这里探讨的高校创新创业教育的基本定位是分群类教，在校内教育部分，既要面向全体学生开展启蒙教育，也要结合专业教育开展嵌入教育，还要针对有明确创业意向的学生开展创新创业管理教育；在继续教育部分，还要针对初创企业者开展教育培训和帮扶。

通过开展高校创新创业教育要达到两个基本目的：一方面要让全体学生了解创业的基础知识、基本过程和基本技能，从而在广大学生的内心深处播下创业的种子；另一方面，针对那些对创业有着浓厚兴趣并想在大学期间或毕业后开展创业实践的学生，开展个性化培养，引导学生走上实际创业之路。项目教学法在高校创新创业教育中的应用要努力促进此目标的达成。在4个层次的创新创业教育中均可利用项目教学法来提高教育的针对性和实效性。

第一，在面向全体学生开展的启蒙教育阶段，学生的创业意识非常薄弱，因此，可以有针对性地选取难度比较低、学生比较感兴趣的项目，通过引导学生进行自觉性决策和创造性实验来培养其"创业精神"，植入"创业意识"，培养学生"自主工作"和"持续学习"的能力。

第二，在与相关专业结合的"嵌入型"教育阶段，要根据不同学科的特点，结合专业特色，选择与学科相关性大的项目来引导学生根据专业特长进行创新创业。

第三，在"专业型"创新创业管理教育阶段，要以提升学生创业实战技能、培养实际创办企业的能力为目标，因此要选择知识融合度大（比如同时包含企业运营、组织与行为、市场营销等相关知识）的项目，还可以根据现实中的经典项目改编出需要锻炼这部分学生特殊能力的项目，使其掌握创办和管理中小企业的知识和技能，提高驾驭能力和规避风险能力，从而提升创业成功率。

第四，在继续教育阶段，初创企业者本身就拥有一个很好的项目创意，因此应侧重于将项目教学法运用到具体的咨询、培训和服务中，也可以提供以往教学中积累起来的与其项目相关的丰富经验，帮助他们度过企业初创期。

2. 组织形式

项目教学法采用的是团队合作形式，即一定数量的学生和教师共同参与到项目的实施过程中，教师在其中担任指导者的角色，学生充分发挥其自主性，并在教师的帮助下完成学习任务。美国学者彼得·圣吉（Peter Senge）指出："当团队真正在学习的时候，不仅团队整体会产生出色的成果，个别成员成长的速度也比其他的学习方式快。"正因如此，团队学习形式是很好的组织实践教学的方式。芬兰于韦斯屈莱应用科技大学的团队创业学园就是很好的例子，在这个学园里"没有课堂，有的是开放的办公区；没有教师，有的是教练；没有班级，有的是对话会议；没有案例学习，有的是真实的项目；没有讲授，有的是大量的学习"。

项目教学法满足了创业教育的实践诉求和"学以致用、边用边学"的教学目标，在高校创新创业教育中运用时，教师需要根据具体情况采用不同的组织形式。

一方面，对于全体和各个专业的学生，在让其了解创业的基础知识、基本过程和基本技能时，可以采用普及式教育，即培养具有不同学科背景的广大学生的创业精神和创业意识。我国现存的选修课形式便是普及式创新创业教育的一种。在这种形式中，不同学科背景的学生之间组成的是临时性的团队，这种团队会随着课程实践的结束而解散。

另一方面，对于那些对创业有着浓厚兴趣，并想在大学期间或毕业后开展创业实践的学生，应采用聚焦式教育，即培养创业人才和创业教育相关师资或研究者。这种模式可以采用固定团队的形式，这种团队的周期长、综合性较强，通过项目的各种活动，使学生形成专业的创业素质和创业理论体系。

3. 项目选择

项目选择是否恰当将直接影响项目教学法在高校创新创业教育中应用的成败。项目选择要以高校创新创业教育的目标为出发点，以教学内容为依据，既要包含教学知识点，又要能调动学生的积极性，让学生在运用所学知识的同时，充分发挥自己的创造力。具体可概括为以下几点。

（1）所选项目要有针对性。在具体项目选择时，要根据高校创新创业教育的具体目标、受教育学生的学科背景、学生的兴趣点及已掌握的创业技能水平进行筛选。

（2）项目的可行性。所选项目无论在实践还是资金等其他方面必须是切实可行的。

（3）项目的综合性。所选项目要涵盖多学科知识，在弥补学生知识空缺的同时，提高学生整合各种知识的能力。

（4）选择项目要有技巧性。要根据创新创业教育过程中的不同阶段学生对创业知识的掌握程度，不断加深项目的难度，在符合学生接受知识规律的情况下，不断提高学生的学习能力和创业能力。

4. 考核与评价

在项目教学完成后，如何对学生的表现进行考核和评价是一个值得深思的问题。可以采用团队成员自评、成员互评、教师评价的方式，同时还可以根据具体项目类型设置网络投票环节，但这些过程都需要有一定的监督措施。

评价标准可以由团队练习表现、文献学习和研读、实践环节表现 3 个部分组成。团队成员根据自己团队完成创业教育目标的情况，同时结合自己在团队中的表现，是否掌握了创业相关知识和技能来对自己做出评价；为了防止恶意评分的出现，互评可以采用去掉最高分、去掉最低分的方式计算评价结果；教师根据学生个人及所在团队的表现，给出评分；网络投票环节要严格把关，可以设置投票限制条件，比如只有本校学生才能投票。

为了使评分更加合理，可以选择部分创新创业领域专家。采用层次分析法计算出每一项的权重，对以上 4 项评价结果进行加权求并作为综合考核结果。

（三）实施步骤

1. 组建项目小组

项目教学通常是从小组团队的组建开始的，按班级整体为单位进行分组，每组 6 ~ 8 人，每一个项目小组确定一名组长负责整个项目的实施。小组成员的组建需要有个过程，需要小组成员共同推选组长，制定小组规范，细化成员分工，拟定小组目标，等等。小组成员之间既是互补关系，也是合作关系，成员一起付出，达成共同的目标。在团队组建中，小组工作应当明确分配到每位组员，每位组员应有自己的具体职责，严禁出现个别组员"搭便车"现象。同时，应该建立一个良好的沟通平台，组员之间有问题可以通过平台沟通解决。

2. 引导学生发现问题

与一般课程的项目教学不同，创新创业课程的项目是通过学生自己发现、摸索、探究确立起来的，为了充分发挥学生的潜能，教师应做好以下 3 个方面的工作：①应引导学生以问题为导向，找到生活和市场中存在的痛点和顾客的需求点，引导学生积极参加社会实践，在实践中发现问题，寻找大众的痛点和需求点；②让小组成员开展头脑风暴，对所发现的问题、痛点和需求点进行筛选，选出最有可能成为创新创业机会的问题、痛点和需求点；③对选取的问题、痛点和需求点进行分析，寻求解决问题的途径和方法，形成初步的项目创意。

3. 组织开展项目调研

对学生的初步项目创意，教师要引导学生开展专题调研、市场调查，引导学生分析、论证项目可行性。在项目确立问题上，要尽可能地与学生现有专业相结合，选择学生熟悉、有兴趣的项目。项目要具有真实性、可行性和时代性，既可以是源于行业现阶段遇到的实际问题,也可以是在现实生活中有实际意义的问题,让学生在项目教学的过程中接触到社会实际。

要合理确定项目的难度,一方面要充分考虑到学生的实际情况,不宜设置高不可及的目标,而是要尽可能地让学生利用已有理论知识并将其应用于项目完成的具体实践中;另一方面也要考虑教师自身的能力,选择教师能够把握的项目,这样在项目进行中,教师才能从容地应对各种可能出现的问题,并将实践中的经验通过教学手段在项目教学法中指导学生解决遇到的困难。

4.撰写项目计划书

项目确定以后教师应和学生进行充分的交流,充分考虑学生需求,合理地采纳学生的意见,对项目做进一步的补充完善,并引导学生制订项目实施计划。项目计划书的制作是项目教学法促进培养应用型人才以及提高人才的创新创业能力的直接体现,因此在进行项目教学时教师要引导每个小组根据自身实际制作自己的项目计划书。项目计划书的撰写要符合以下3点要求:①计划安排的所有活动和服务,必须要紧紧围绕目标来设计;②计划一定要清晰、具体、详细,特别要让已有受益群体能够清楚地看到这些活动和服务开展以后给他们带来的实惠和改变;③制订计划一定要考虑实施项目所需要的各种条件和资源,使计划具有可操作性。

5.项目展示

为帮助学生完善项目,教师还可以组织开展项目展示和讲评,制定出科学的考评标准,从专业技术能力、语言表达能力、分析能力、解决问题能力、创新能力等角度评估各小组的项目及小组成员的能力水平。要开展多种形式的项目展示、汇报活动,全面考核学生对项目的分析和把握能力。各小组组长作为重要汇报人要将该组的项目进行充分汇报,并解答其他小组和教师的疑问。教师在汇报完成后要进行总结和点评,帮助项目组成员认识自身存在的问题并加以改进。

三、体验教学法

创新创业教育是一项理论性、实践性和操作性较强的教育课程,若缺乏教学模式的创新、缺乏创业能力的体验与实践、缺乏具有针对性和实效性的教学方法,创新创业教育便会停留在空洞的理论传授层面。体验式教学法对于破解这些现实问题,切实提高高校创新创业教育的质量和效果具有重要意义。20世纪80年代,美国学者大卫·库伯(David A Kolb)在总结了约翰·杜威(John Dewey)、库尔特·勒温（Kurt Lewin）和让·皮亚杰（Jean Piaget）的经验学习模式的基础上，提出了体验式学习理论（Experienial Learning），即通过具体体验、观察反思、抽象概括和行动应用，让学习者投入到一种新的活动安排中。借鉴体验式学习的相关理论，从提升创新创业教育实效性的角度来看，体验式教学法是一种能够让学生亲身体验创业实践过程，仔细观察、认真思考、获取知识，进而促进其掌握技能、指导实践的教学行为和方法，有助于解决创新创业教育的现实困境。

（一）具体应用

在高校创新创业教育中应用体验式教学法的最终目的，是让学生通过体验过程了解创新创业教育的精神内涵，而不是单纯地知道创新创业教育理论知识。这与埃米尔·雅克 - 达尔克罗兹（Emile Jaques-Dalcroze）的教育理念有异曲同工之处，该理念强调的是"感知、认知、学习、理解"的协调关联教育方法，并由此构成了达尔克罗兹体验律动教育理念："在本课程结束后，不能使学生说'我知道'，而是'我体验到'。"高校创新创业教育同样强调学生的感知和认知过程，以此作为接受创新创业教育的前提和基础，但最终目的局限于达尔克罗兹教育理论的"学习、理解"，在体验中"验证"创业理论知识并"应用"于创业活动之中，才是体验式教学法的真义所在。

1. 头脑风暴法

感知体验强调的是在创新创业教育授课过程中，使学生形成感知。头脑风暴法通过引导学生进行无限制的自由联想和讨论，从而产生新观念或激发创新想法，进而增强感知体验。该方法需要学生群体之间相互作用与影响，形成群体思维，借助联想反应、热情感染、竞争意识，产生思维激荡和碰撞，有助于创造性思维的产生，提升创新意识。

2. 管理游戏法

认知体验根据客观存在对学生主观意识进行作用。管理游戏法则通过情景模拟方式，仿真各类创业模式，让学生在较短的时间内了解和掌握实训创业管理方法。对于创新创业教育而言，该方法是最直接、快速、有效地了解自己经营效果的创新创业教育方法。

3. 角色扮演法

通过角色扮演的方式，进行验证体验，是体验式教学法的基础"体验"方法。该方法通过情景模拟的方式，编制一套与实际相关、相似的创新创业环境和活动，要求扮演者用多种方法处理任何可能出现的问题，测评学生的实际操作能力、决策能力、领导能力、潜在能力、社会判断能力和心理素质。

4.沙盘模拟训练法

沙盘模拟训练法主要设定了代表相互竞争企业的沙盘盘面，各盘面涵盖企业运营所需的全部关键环节，能够将真实运营所处的内外环境抽象为一系列的模拟训练场景，进行实际运营。学生在这一过程中，借助参与沙盘载体、模拟企业经营、对抗企业演练、教师现场评析、学生自我后期感悟等完成一系列的实验环节。沙盘模拟训练法融合理论与实践一体、集角色扮演与岗位体验于一身的设计思想，使学生在分析市场、制定战略、营销策划、组织生产、财务管理等一系列活动中，参悟创业管理规律。

（二）主要问题

体验式教学方法以学生的主动参与、探索、操作和自主管理为特征，增强学生自主创业的意识。通过在创业实践教育的具体环节中对学生进行实际模拟操作指导，对学生的创业能力、创业素质等方面产生重要影响。在实践过程中也需要避免学生在积极体验的同时，出现"课上热闹、课下无效""乐趣很高、效果不好"的体验式迷途。

创新创业教育教学中容易产生体验恣意化现象。在创新创业教育中运用体验式教学法，为了创造、模拟真正的创业环境和创新平台，教师和学生的角色发生了转变：教师从传统的"传道、授业、解惑"转变为教育中的引路人，扮演着导演、裁判、咨询者角色；学生从传统的被动学习者变为自主学习者，扮演着创业者、企业家的角色。学生的自主权被无限放大，教师在学生为主体的课堂中成为辅助方和旁观者，容易忽略对于课堂整体的主导和把握，出现恣意化的体验现象。具体表现在言语恣意化、管理操作恣意化和角色体验恣意化。

为了避免体验恣意化现象发生，需要教师在学生体验学习的过程中，对于体验走向、关键点位进行及时、有效的引导和点拨。针对言语恣意化，需要教师在体验活动开始之前做好引导，使体验活动按照预设顺利开展，在体验活动进行中，教师应随时观察学生的言语表现，当言语活动出现偏颇时及时引导或予以制止；针对管理操作恣意化，教师可以做"适当引导"，但不能为了快速实现教育目标而强制学生执行创业活动；针对角色体验恣意化，学生在进行创业体验时，容易出现角色把握不准确、难以融入的问题，需要教师事先选定学生熟悉的创业角色，体验过程中适时做好疏导，避免影响体验效果。

创新创业教育教学中的体验虚假化。在高校创新创业教育中运用体验式教学法，其核心是理论与实践的紧密结合，将先进的教学方法与课本知识相结合，配以看得到摸得到的实例，让学生对创新创业教育有着更直观的认识。这就需要教师在运用体验式教学法的过程中，注重给学生以真正意义上的体验，而不是将体验教学虚假化，变为"走过场"。具体表现在体验模式虚假化和体验感受虚假化。体验模式虚假化，是指教师误以为在创业教育的课堂上搞一点儿体验活动即完成了体验式教学，体验式教学法提倡教师通过丰富的教育形式完成教学过程，但并不是单纯将其引入课堂、"走走体验形式"就完成了体验式教学。

体验感受虚假化，是指教师在创业活动中，牵引学生进入预设好的创业活动节点，将学生同化在预设好的体验过程中，牵引体验过程、定义体验感受，而不是学生个体在体验过程中自然形成的体验感受。为了从根本上杜绝体验虚假化现象的发生，需要教师深入了解体验式教学的理论内涵。

（三）促进机制

传统教学一般采用统一标准和固定模式，对教师的教学内容、教学形式和教学效果进行评价；参考固定答案，通过各种考试对学生学习结果进行评价。与传统教育相比，体验教学注重的是学习过程而非学习结果，以往的分数量化评价方式只能衡量出学习者对学习结果的记忆程度，并不能反映学习者的真实体验过程。

单一固化的评价衡量标准，已经不适用于多元化发展的现代创新创业教育，因此需要注重多元化评价，使学生在统一评价的基础上表现出一定的弹性，从而为他们的个性化发展提供空间。体验式教学法应采取多元评价模式，不仅要正确知晓学习者的学习情况，更要对教学过程进行价值判断并为教学决策提供有效反馈，具体内容如下。

（1）在对教师的评价中，既应侧重授课内容及授课效果转化，注重案例选择、教学情景设计和以学生为主体的授课效果，又应侧重理论与实践转化，对学生进行全方位的培养。

（2）在对学生的评价中，既应侧重教学效果的过程评价，即学生心理历程、交流沟通和理解应用，关注体验式教学过程总的参与程度和参与效果，又应采取包括课堂观察、测试与练习、学生作品评价、学生体验与反思等多元化评价标准，着重评价学生的思维能力和应用能力。

（3）评价机制的主体应兼顾师生双方，既涵盖师生双方互评，又涵盖教师之间和学生之间的评价，三者各有侧重，以此增强师生参与体验教学过程的程度和感受，进而形成体验式教学法在高校创新创业教育中有效应用的长效机制。

第四节　学生创新创业教育的途径

一、建立创新创业教育组织机构

组织机构的健全和领导的高度重视是创新创业教育能有效组织和获得广泛接受的有力保证。高校要把深化高校创新创业教育改革作为"培养什么人，怎样培养人"的重要任务，作为推进高等教育综合改革的重要抓手和突破口，将其摆在突出位置，切实加强指导管理与监督评价。

创新创业教育也是一个全校性的工作，涉及高效人才培养的各个环节，如果没有一个统一协调的机制，不能形成专人负责、齐抓共管的局面，就容易流于形式。要落实创新创业教育主体责任，成立由校长牵头的高校"创新创业教育领导小组"，分管教学和学生管理工作的校领导担任副组长，招生就业处、学生工作处、教务处、后产处、团委、宣传统战部、思政部、校友会等相关部门负责人为成员，小组负责统筹协调全校创新创业教育工作，建立起多部门齐抓共管的创新创业教育工作机制。领导小组下设办公室，挂靠招生就业处，负责以下日常事务。

（1）负责创新创业教学和理论的研究，具体包括人才培养模式与途径、创新创业教育课程建设及教学改革、创新创业教育师资队伍建设、创新创业教育实践平台研究等。

（2）组织教师开展创新创业教学和实践指导，具体包括开展商业模拟游戏、模拟公司运营系统、举办创业沙龙、组织创业人物访谈、参观创业企业等。

（3）建立创新创业俱乐部。俱乐部负责对外联系，对内交流，为大学生创新创业提供指导及服务，促进内外部资源利用、共享与开发，尤其重视其与学院就业指导中心、校友会、科技园区的联系和交流，开展创业实践活动和创业项目预孵化。孵化器用于对在校大学生开办的公司进行校园内孵化，除提供免费的办公场所、免水电费等外，还可提供技术、政策和人力、财力的支持，尤其是管理、财务和法律咨询等。

二、营造校园创新创业文化氛围

环境对所有教育者都非常重要。理念是行动的先导，没有理念，高校创新创业教育就没有施行的可能和土壤。问题的关键是，不仅要给予人们探索的自由，还要找到在"自由发挥"和"实现机制"之间的平衡点。

高校应大力营造一种创新创业的文化氛围，提升师生对创新创业工作的关注度。注重企业文化精神的示范宣传作用。积极邀请科技专家、知名学者、企业精英、创业先锋等，举办创新创业讲堂。利用目前拥有的网络、校园广播、校报等多种宣传工具，开辟专栏、专刊进行宣传。通过宣讲解读创新创业形势、讲述传授创新创业知识、分享交流创新创业经历等形式，激发大学生创新创业意识，因势利导地激发大学生创新创业热情，拓宽创业就业途径。不光要给学生一个展示想象力、展示幻想的空间，还要提供合适的工具使这些想象得以变为现实。

高校要选择创新创业典型，营造崇尚创新、支持创业的良好校园文化氛围。完善学生激励机制，在学生先进评选中，积极选树和推广在创新创业领域有突出成绩的学生典型，并通过故事分享会等形式，大力宣传创新创业典型先进事迹，发挥大学生创新创业典型的引领作用。并充分利用学生社团，让学生根据自己的爱好选择社团组织，由有实战经验的专业老师对学生进行创业意识和技能教育等方面的指导。

高校还应大力宣传创业实践和创业计划大赛等，让学生积极踊跃参加各类实践活动。努力为年轻人提供设计、创造和发明的机会，使他们在设计、创造和发明的过程中学到很多知识，培养创造性思维，使其创新创业能力得到锻炼和提高，让大学生成为富有激情的实践者和艰苦创业的实干家。

高校还应充分强调把对大学生创新创业的能力和素质培养放在突出的位置，从思想和观念上树立学生创新创业的意识，培养学生的创造型人格。引导学生把创新创业能力运用到实践中，在实践中全面提升其综合素质。

三、完善学生创新创业教育体系

创新创业教育体系的核心是课程教育体系和实践教育体系，发展的方向是通过"课程实践化、实践课程化"，实现从"知行并重"到"知行融合"的跨越。

（一）创新创业教育课程体系的实践化

创新创业教育课程体系的实践化包括"课程内容实践化"和"教学方法实践化"两个方面，下面展开具体介绍。

（1）"课程内容实践化"是指教学内容要与创业实践紧密结合，在创新创业教育课程中增加创业实践内容。在增加创业实践内容的同时，也不能弱化理论知识，创新创业教育课程内容实践化不等于"去理论化"，不能将理论与实践对立起来，而是将二者有机融合，通过实践案例来丰富理论知识，通过理论知识来指导创业实践。

（2）"教学方法实践化"是指在教学中综合运用开放式、互动式、研讨式、案例式等多种实践取向的教学方法。在课程教学中综合运用模拟教学、活动教学、体验教学、案例教学等方式，在课堂上增加学生的创业实践体验，可以在一定程度上弥补创业实践教育体系覆盖率低的不足。

（二）创新创业实践教育体系的课程化

通过创业实践，学生学习到的创业理论知识能够得以实际运用，并在实践中积累创业的相关经验。创业实践教育体系包括竞赛、园区和活动等载体，当前应该在科学规划基础上，完善现有载体、探索新型载体、强化育人功能，实现创业实践教育体系的规范化发展。为此，高校应做好以下几个方面：一要科学规划，将创业实践教育与专业实践教育有机结合，在内容、形式、师资、管理和保障等方面参照"课程"体系的标准去建构和完善；二要转变实践教育观念，使学生和教师正确看待创业实践的目的和意义；三要规范实践教育过程，突出强化实践教育的育人功能；四要完善实践教育考核方式，轻结果评比，重能力培养。

（三）构建系统化协同推进的支持体系

创新创业教育是一项系统工程，需要课程设置、教学方法、理论研究、社会资源等多个因素作为支撑保障。

1. 完善课程设置与教学方法

国发〔2011〕16号文件、教高〔2012〕4号文件指出：要加强创新创业教育课程体系建设，把创新创业教育有效纳入专业教育和义化素养教育教学计划和学分体系；制定高校创新创业教育教学基本要求，开发创新创业课程，纳入学分管理；建立分层次、立体化的创新创业教育课程体系；创新创业类课程的设置要与专业课程体系有机融合，创新创业实践活动要与专业实践教学有效衔接，积极推进人才培养模式、教学内容和课程体系改革，贯穿人才培养全过程。为了更好地保障创新创业教育的有效开展，高校要根据教育部等相关文件的要求，将培养大学生创业意识、提高大学生创业能力、塑造大学生创业人格作为一种教育理念，把创新创业教育上升为学校的办学理念，以通识教育与专业教育相融合、科学教育与人文教育相融合、知识教育与能力教育相融合、国内教育与国外教育相融合的原则，统筹安排创新创业教育的课程，改进创业教学方法，修订人才培养计划，使其更加规范化、制度化，面向全体学生，最终形成一套以创新创业教育为价值导向的创新创业教育课程体系，将创新创业教育融入整个育人体系之中，形成一个完整的大教育的格局和创业型的课程结构。为此，高校应努力做好以下工作。

（1）建设和完善创新创业教育课程体系。科学合理地设计课程体系是创新创业教育的基础，关系到创新创业教育的全面普及能否最终取得好的工作成效。创新创业教育课程包括理论课程和实践课程两部分。高校要将理论课程与实践课程有机结合，以培养学生的开创型个性为基础，以提升学生创业素质和能力为导向，构成以创业意识、创业精神基本素质培养为目标的通识性教育课程和旨在培养大学生的创业技能的实践课程是设置高校创新创业教育课程体系的出发点。要将创业课程分为4大模块，即创业意识课程、创业精神课程、创业知识课程和创业实践课程，分为设置必修课、选修课和组织专家讲座3种形式。例如，中国人民大学、西安交通大学等高校设立"风险投资""创造学""创新创业教育"等少而精的选修课，就是一个良好的开端。

可以将"创造学""创业学""创业机会""创新思维""人力资源""创业管理"等创业相关课程纳入公共基础课程范畴，加强创业管理入门、创造性思维训练、创业案例研究、商务沟通与交流、创业财务基础、创业市场调查等知识内容，培养每个大学生的创业意识，并为每个大学生进行创业基础教育。

（2）推进创新创业教育与专业教育的融合。目前高校为了培养大学生创业意识、提升创业能力，主要开设了"大学生就业创业指导""创业学""创造学""创业管理""创业设计实践""企业管理""人力资源""财务管理""KAB创业基础""SYB创业培训"等创业理论课程，但是这些课程除经管类专业外，与其他专业缺乏有效的融合，导致创新创业教育与专业教育之间"两张皮"，削弱了学生学习创新创业教育的积极性。而事实上创新创业教育决不能脱离知识教育和专业教育而孤立地进行，成功的创新创业教育必定是依赖专业教育并和专业教育相互融合、相互促进。

推进创新创业教育与专业教育相结合，切实将创新创业教育融入人才培养的全过程，真正实现与专业教育的动态兼容，对于具体承担人才培养的各学院而言，绝不是通过简单地在修订人才培养计划时增加几门创业课程就能解决，而是要在专业课程设置上充分考虑本专业学生创业素质的培养和创业实践的需求，将管理学、心理学、社会学、经济学等课程作为选修课，引入学院专业人才教育课程体系，把本学院专业相关的创业准备、创业指导、创业技能、经营管理、法律和税收等与创业密切相关的课程增加到专业课程建设当中去。因此，学校应当完善课程设计，注意将创业课程的普及性和专业性有机结合，相互融合，针对不同的专业设置内容、形式有所区别的创业课程，最终形成系统的、可选范围广、可满足全校各专业学生需求的创业课程群。

（3）实行创新创业教育学分制。在学分认定方面独立设置创新实践学分，全面推进创新创业训练计划的有效实施。学分制是西方发达国家高校较普遍实行的富有"弹性"的教育管理制度。如美国加州理工大学在实行学分制的过程中，允许学生在导师指导下自己设立学习方案；法国巴黎高等师范学校则更加灵活，要求学生遵守的纪律只有一条，那就是自由，即学生自由选择专业、拟订计划。实行完全学分制，为学有余力的学生创造了提前毕业提前创业的机会，对想停课创业或参与创业实践的学生，允许其延长在校时间，最长期限为6年。

（4）改进教学方法，增强教学效果。创新创业教育课程多属于综合性、创新性较强的课程，教师在讲授时应根据其特点，采用讨论式、问题式、探究式、案例式、启发式、小组式、模拟实践等方法，充分调动学生参与的积极性，激发学生的创业意识、创业灵感、创业精神，培养学生的团队精神，增强学生的自信心。如模拟实践法，重视学生的参与体验的过程。在模拟和再现的创业活动中，可采取"引导—研讨教学方案"，通过采取管理游戏、角色扮演、案例分析以及小组讨论的方式，在教师的指导下，让学生进行独立探索和广泛讨论，把创业体验的过程演变为创业能力提升的过程。

在仿真的创业活动中，可采取"情境—陶冶教学方案"，采用创业模拟大赛或计算机模拟软件创设虚拟情境去感染和熏陶学生。案例教学在创业理论与实践之间架起了桥梁。高校应组织教师开发创业成功的真实案例，鼓励实际创业的毕业生提供案例，并参与案例组织讨论。案例分析教学法的目的是把学生置于一个实际创业者的立场上，从实战的环境出发，学习什么是创业和如何创业。

2.加强创新创业教育理论研究

对于创新创业教育而言，专业化、系统化、科学化的理论才能更好地指导实践。因此，高校一方面应当通过对比国内外高等学校创新创业教育教学的工作，加强自身教学理论的研究，把握创新创业教育教学发展趋势，积极做好教材建设，在借鉴国外教材的基础上结合我国国情，编写出兼具科学性、权威性、针对性、可读性和指导性的示范教材；另一方面，高校也应当提高创新创业教育的科研水平，在创新创业教育的实践中发现问题、找寻规律、总结经验，学习研究国内外创新创业教育研究的最新成果，积极鼓励创新创业教育的课题研究和文章发表，构建完整的创新创业教育理论体系，为国内高校创新创业教育的开展提供理论指导。

3. 构建科学化的产学联盟支持系统

产学联盟是一种全新的合作形式，包括各高校之间的高校联盟及企业间的企业联盟。产学联盟支持系统的构建有 3 个原则，即利益契合、优势互补、资源整合原则；包含 5 个子系统，即作用系统、平台系统、组织保障系统、机制保障系统和过程控制系统。通过作用系统推动高校和企业相互合作，具体合作途径则通过平台系统实现，通过组织保障系统和机制保障系统确保产学联盟的有序有效运行，通过过程控制系统对合作支持系统进行控制，对创新创业教育提供资源、实践、经验和研究支持。

4. 建立创新创业教育评价体系

建立科学有效的高校创新创业教育评价体系和机制，不断修正高校创新创业教育运行中的错误和纰漏，促进高校创新创业教育有序进行，实现高校创新创业教育在我国的可持续发展。美国等欧美国家的创新创业教育进行得很早，对于创新创业教育的评价评估也形成了一定的理论和实践成果，"卡尔·维斯伯（Karl Vesper）教授在多年的研究基础上提出主要从提供的课程、教师发表论文和著作、社会影响力、毕业校友的成就、创新创业教育项目自身的创新、外部学术联系等 6 个方面进行创新创业教育评价"。推行创新创业教育认证制度，以很好地检验创新创业教育取得的成果，并通过反馈评价结果进一步改进创新创业教育。大学生创业认证制度的内容是学生用已掌握的知识解决问题的能力，将学生创业的业绩作为其指标，构成测评体系。其考核方法有书面考核及实践操作考核两种：书面考核与当前公务员考试中《行政职业能力考试》内容相当，主要测试学生稳定的、潜在的能力；对于实践操作考核则可以通过创业方案的设计、创业计划的施行进行检验，最后将书面考核和实践操作考核相结合，系统地评价创新创业教育，评价结果分不同的等级，并发放相应的创业素质证书。推行大学生素质认证制度，对积极测评学生的创业素质、培养创业型人才、引导创新创业教育高效健康发展起着重要的作用。创新创业教育认证制度的构建有利于提高学生自主创业的知识能力，能反映出创新创业教育是否适应当前市场经济下社会发展的需求，并不断进行反馈来改进创新创业教育的实施方式。

四、优选创新创业教育培训内容

伴随着课程体系的改革和建立，教育教学改革也要深化，教师的授课方式也应与时俱进。从传统的"满堂灌""填鸭式"，向开放、讨论式的互动教学方式转变，提高学生主动学习的积极性，着眼于学生终身学习习惯的培养，教会学生学习的方法与途径。不单纯以学生成绩论成败，不忽视学生的个性化和教育的多元化特点。

（一）注重培养创业精神

在这样一个新世纪里，管理理论的发展迎来了一个又一个新的浪潮，"追求卓越""变革与再造""核心能力""知识管理""创业管理"等管理思潮冲击着人们的思维，也预示了经济和社会的转型。企业家所承担的角色，从投机、套利、冒风险到创新，是一个不断发展和丰富的过程。因此，企业家精神不是投机与冒风险，而是把握机会和不断创新。在现实中，人们总是将那些具有创新精神和坚韧不拔的毅力、敢于承担风险的企业家特征视为"企业家精神"。

从不同的学者对企业家精神的研究中可以看出，"企业家精神"不仅仅是指企业家个人天生具备的某种特质，企业家精神可以进行后天培养，还可以延续、传播、学习和借鉴。"企业家精神"也包括企业全体员工所具有的创新精神，不只存在于新创业企业和中小企业中，也存在于成熟的大企业中。创业精神是激发学生进行创业的内在驱动力，它指导着人们去开创新局面，打破常规。

（二）注重激发创新意识

21 世纪最显著的特征和灵魂就是创新。人们最缺乏的不是资源，而是创新意识、创新精神、创新能力和鼓励创新、保护创新的社会环境。创新既是一个宏观的社会实践过程，又是一个微观的心理反应过程。具体来说，是为了一定的目的，遵循事物发展的规律，调动已知信息、已有知识，开展创新思维，对事物的整体或其中的某些部分进行变革，产生出某种新颖、独特、有社会价值的新概念、新设想、新理论、新技术、新工艺、新产品等新成果的智力活动。

总的来说，我国的整体制造水平还不是很高，许多重大技术装备主要依靠进口，更新换代也离不开国外的原厂家；从产品结构来看，产品技术含量低，缺乏品牌竞争力。多数企业没有自己的专有技术，而是为发达国家企业代工生产，虽然规模很大，但利润很低，产品以中低端为主。因此，只有通过创新，进行合理的转型升级，我国才能真正在全球制造业分工中起到引领作用。

（三）注重培养创业素质

高校应从以下 6 个方面培养学生的创业素质。

（1）创业者应具备的素质——自信。一个创业者如果缺乏信心，很难做到坚忍、冒险，以及开展创业行动。即使勉强行动，也是缩手缩脚的。此外，自信能打动客户，激情能感染团队和员工。

（2）创业者应具备的素质——坚忍。有商业头脑者可以趁势创业，但创业征程一样是逆流而上，可以利用的是机会，无法避免的是艰难险阻。所以，"在路上"需要坚韧不拔的意识和吃苦耐劳的身体。

（3）创业者应具备的素质——冒险精神。市场不存在无风险的收益，宏观的、微观的、市场的、非市场的风险总是围绕着创业者。除此之外，创业者总是在各种诱惑、选择中做出艰难抉择。所以，一个创业者如果没有一点冒险精神，没有果敢决断的胆识和魄力，就会错失发展机遇。

（4）创业者应具备的素质——行动能力。创业是商业活动，怎么能坐着不动？实现目标的唯一方法就是积极开展正确且扎实的行动。我们之前讨论的自信、坚忍、冒险精神都能促进行动的展开。

（5）创业者应具备的素质——商业头脑。都说市场充满机会，但座位上早已堆满了人，要想挤进去就要有发现空隙的过人眼光。创业也好，人生也好，都要有过人的眼光，才能发现"机会之窗"的存在，而在"机会之窗"开启时提前做好准备，就会事半功倍。

（6）创业者应具备的素质——学习能力。在快速变化的世界里和竞争激烈的市场中，要想不被淘汰出局，只有一个办法：持续不断地提高自己。而提高自己最有效的途径就是善于学习、勇于实践。在学校，学生应当进行自主、自觉的学习；走出校门，自主、自觉的学习习惯也能使人受益匪浅。

（四）注重培养创业能力

1. 转变传统观念

大学生必须改变"创业是找不到工作才去干的不体面的事"这种错误的观念，应主动将自己的知识、专业技能和兴趣特长相结合，将自主创业作为人生的追求，将通过创业为更多的人创造就业机会作为实现人生价值的最大目标。创新创业教育工作重点应放在如何帮助今天的年轻人成长为"具有创造性思维"的人。想成为有创造性思维的人，最好的方式就是创造。创造性思维的根源就是创造。

2. 认识创业风险

首先是项目选择的风险，建议尽量结合自己所学专业选择项目，初期要尽力做好市场调研，不宜求大求全；其次是资金风险，对大多数创业者来说，创业初期最大的风险就是资金不足，尽管目前国家对创业者有小额贷款等资金支持，但对于大多数创业项目来说，所能获得的小额贷款只是杯水车薪，因此，创业初期要尽可能找到较广阔的融资渠道；再次是竞争风险，在市场经济环境中，竞争是残酷的也是必然的，创业者应尽可能地选择自己熟悉的领域创业，做好随时应对竞争的准备；最后是决策风险，机会稍纵即逝，正确的决策有利于创业的成功，决策失误也会使企业遭受灭顶之灾，这就需要加强对决策能力的培养。

五、健全创新创业教育保障体系

开展创新创业教育不仅是高校肩负的责任，高校创新创业教育的开展需要整合多方面的资源，得到社会各界的支持和配合。高校应充分运用各类社会资源，以高校为主体，形成政府、高校、企业、社会"四位一体"的良性互动，共同推进创新创业教育的有效实施，形成政策扶持、高校支持、企业资助、社会保障的互动模式，为大学生自主创业提供全方位的支持。为此，政府、高校、企业、社会应联合起来，共同构建创新创业教育保障体系。

（1）政府应加强对大学生创业的政策扶持。从公司注册、纳税、技术支持、管理咨询、法律援助、资金支持、项目评估、创业培训等各方面对大学生创业给予倾斜，如降低创业门槛，降低大学生创业注册资金，积极为大学生提供廉价的经营场所，在增值税、营业税上对大学生所创办的企业给予一定减免。要切实加大创业资金投入，将对大学生的创业基金预算支持作为一项常规性财政预算项目纳入年度规划当中，减少专业限制及领取创业资金的门槛，使创业资金扶持可以惠及所有的创业大学生。

政府还可以联合银行贷款机构，在保证贷款机构资金安全的前提下，通过对创业项目评估，提供优惠贷款甚至无息贷款，适当简化贷款审批手续，最大限度发挥创业贷款的功能和作用。政府部门对下岗失业人员创业资金的来源有明确的政策规定，而针对大学生创业的资金来源没有明文规定，大学生创业资金捉襟见肘的局面也导致很多大学生创业激情冷却，政府部门应该出台和调整大学生创业融资政策，帮助大学生创业者解决融资问题，包括为创业者提供项目资助、担保贷款、信用贷款、贷款贴息等扶持。如上海市人民政府启动了上海市大学生科技创业基金，用于资助上海高校毕业生以其科研成果或专利发明创办科技企业，鼓励大学生依托科技自主创新创业，推动科技成果产业化，培育技术创新人才，拓宽大学生就业渠道。

要通过创业法规来构建高校创新创业教育的社会保障体系，从政策引导、制度保障、环境营造、职务规范等方面加快立法，维护大学生创业的合法权益，如建立和完善知识产权保护制度，真正将知识转化为竞争力。例如，厦门孵化器建设通过建立大学生创业园、大学生创业孵化基地，提高了大学生创业的成功率。要促使政府在大学生创业政策方面的管理行为法制化，建立起监督管理体制。还可以成立创业咨询中心、专业技能培训等机构，为高校创新创业教育提供公共服务。

（2）高校应增强对创新创业教育的支持。高校要积极营造创业文化氛围，通过各类创业活动的开展，加强创业宣传，强化学生的创新意识，激发学生的创业动机，提高大学生的创业能力和素质。

（3）企业应加大对大学生创业的资助，建立校企合作模式。很多成功的高校创新创业教育的经验表明，高校创新创业教育与企业结合，借助企业的力量，既可以为大学生创业提供技术、资金的帮助，又可以为大学生创业者提供更多的实践机会，最终增加大学生创业的成功概率。

大企业、大集团、成长较好的中小企业、科研等单位等都可以作为学生的实习单位，为学生提供检验自己知识和能力的场所，帮助学生了解专业或行业相关知识，培养学生的主体意识、创新精神和实际操作能力，使学生提高职业技术水平。成功的企业家或者校友企业家作为专门的导师，不仅要在观念和方向上指导学生创业，而且还要"扶上马，送一程，跟一段"，给学生提供完整的孵化帮助，包括企业日常营运指导、资金筹划、为业务拓展牵线搭桥等。

（4）社会应加大对大学生创业文化氛围的营造。一个积极进取、宽容大气的创业文化氛围对大学生创业意识的形成和创业的成功有着至关重要的作用，它在潜移默化中影响着大学生的创业思维和行为。

社会影响创新创业教育的因素包括很多方面，如政府部门、社会团体、企业界、用人单位、家长、学生本人等，并且社会对高校创新创业教育发展的影响力越来越强。近年来，中央电视台、《人民日报》《光明日报》《解放日报》《中国教育报》《文汇报》和网络等各种形式的权威媒体和地方媒体纷纷报道大学生创业、高校创新创业教育，我国的大学生创业、高校创新创业教育已形成良好的社会氛围。

创业文化氛围是否良好，很大程度上直接影响大学生接受创新创业教育的主动性和积极性，所以社会应加大营造创业文化氛围，充分利用各种传媒形式，宣传大学生创业，促进高校创新创业教育。有必要在全社会宣传创业意识和创新创业教育，努力在全社会营造尊敬创业、支持创业、鼓励创业的社会氛围。对于创业的失败给予宽容，避免以成败论英雄，提高社会成员对创业失败者的容忍度，使尊重劳动、尊重创造成为人们的价值取向，使"人人是创业主体，人人是创业环境"成为人们的自觉意识和行动，使公平竞争、共谋发展成为一种社会风尚。

与此同时，还应增强社会的宽容大气之感，不但激励成功者，更应该宽容失败者、激励失败者，在社会中形成一个积极向上的创业文化氛围，充分发挥创业文化"以文化人"的功用。

六、配备创新创业教育师资队伍

创新创业教育是一种新的教育理念和模式，综合性极强，需要教师既要有较高的理论素养和与时俱进的授课技巧，更要有创新创业的实际体验和实践。目前，高校的创业师资主要来自高校辅导员、就业中心、部分职能部门的行政人员以及管理或商科类的教师，其理论知识不够系统，更缺乏实际的创业体验和经历，所以，加强师资队伍建设至关重要而且任重道远。为此，高校应做好以下工作。

（1）要加强对教师的理论知识培训，邀请校外名师、专家以及企业管理人员对教师进行理论素养的培训。

（2）要利用各种平台和组织、参加各类创新创业研讨会的机会，组织教师学习，加强交流，获得最新的创新创业知识和内容。

（3）积极创造条件组织教师到企业挂职锻炼，获得创新创业与管理的真正体验，增强教师的实践能力，丰富其教学内容提高其教学效果和说服力；有条件的高校可以拨付经费组织教师真正"走出去"，到欧美发达国家和高校学习先进的经验。

（4）随着创新创业教育的发展，逐步建立起创新创业学科，设立硕士博士点，自我培养孵化创新创业教育教师。除了专兼职教师之外，要加大"双师型"教师的培养，强调教师的综合素质，既要重视理论水平也要重视实践教学，避免两极分化现象的出现。多元化一方面体现在教师的来源和擅长领域，另一方面要正确看待教师自身水平的多元化，要形成教师梯队，以老带新，鼓励新人，培养新人，给其创造快步成长的环境。

第六章　新时期高校学生管理机构与队伍建设

在高校学生管理系统中，管理效果往往会受到多种因素的影响，而要结合、协调诸因素，都离不开管理机构与管理人员。为了保证高校学生管理工作达到最佳效果，要重点对管理机构与管理队伍的建设情况进行深入了解。本章分为高校学生管理机构的设置、高校学生管理工作队伍的建设两部分，主要内容包括高校学生管理机构应遵循的主要原则、高校学生管理机构的职能、学生管理机构结构的形式与机构的设置、新形势下高校学生管理机构设置的探索等方面。

第一节　高校学生管理机构的设置

一、高校学生管理机构应遵循的原则

（一）系统整体的原则

大学生管理工作是学校这个大系统中的一个重要的分支系统，这个系统的管理目标与学校的培养目标是一致的，即"维护高等学校正常的教学、工作和生活秩序，保障学生身心健康，促进学生德、智、体诸方面发展"。具体来说，就是要对学生的思想品德、专业学习、体育锻炼、劳动实践、课余活动、行为组织、生活起居以及分配就业等问题进行全面管理。因此，大学生管理系统是个多因素、多层次、多系列、多功能组成的结构群体。这个结构群体中的各要素、各系统、各层次间存在必然的内在联系，要素和结构整体是不可分离的。因此，整个大学生管理系统组织结构中设置的任何一个部门，任何一个管理层次，任何一个管理序列，都必须注意它们之间的功能联系及其同整体管理效能的关系。否则，必然

导致整个系统管理作用的减退和管理功能的紊乱。因此，设置大学生管理机构必须依据系统整体原则，深入分析和了解各学生管理机构和它们的构成因素在整个学生管理工作中的地位和作用，以及分析它们之间的相互依存、相互制约、相互促进的关系，寻求学生管理机构的最佳组合，将各级、各类、各环节的学生管理活动置于学生管理系统的整体行为之中，不断推进大学生管理向机构体系的构建。

目前，我国绝大部分高等学校内部领导体制是党委领导下的校长分工负责制。大学生管理的机构设置从系统整体这一原则出发，就必须做到设立的管理机构系统与学校内部领导体制相适应，避免学生管理工作因多头领导而造成指挥系统紊乱。同时，要注意消除机构重叠、工作重复的弊端。至于职能分散，则是在某些机构完成同样的职能时反映出来的。当然，另外一种情况同样是系统整体原则所不容许的，即某种职能总是从机构所担负的责任中漏掉，或者被排斥在所设置的机构之外。只有依照系统整体原则来设置学生管理机构，使各机构职能范围清楚，责任明确，功能彼此相对独立而互补，才可能建立一个从上到下的强有力的工作系统，从而有利于避免学生管理工作中多中心的混乱状态，达到对学生的培养全过程进行有序管理的目的。

（二）层次制与职能制结合的原则

层次性是所有事物组成的普遍规律。高等学校的大学生管理系统中有校、系、年级、班、组这样几个层次。层次制指的就是学校这种纵向划分的方法。职能反映的是管理机构的各个系统可能的活动领域，反映的是某些性质不同的工作的集合，这些工作的开展为实现系统的最终目标提供保证。

从学校一级来看，学工委办公室（学生处）、教务处、总务处、宣传部、团委等等就是职能单位，在学生管理系统中，它们都从不同的角度对学生进行管理。考察合理的学生管理机构设置，应该主要从职能制角度出发，但也不能忽视层次制。在设置学生管理机构时，必须考虑到在其他条件相同的情况下，层次的增加会导致所需处理的信息量的扩大，领导者负担过重，会增加系统内活动相互配合的困难。而且随着管理层次和每一层管理内容的增加，便会出现由于管理过程复杂化而造成效能下降的情况。

目前我国大学生管理机构设置的普遍情况是层次越高，职能制单位越多；层次越低，职能制单位越少，但直接管理的对象却越多。因此，根据整体原理，机构设置中要有全局观点，要考虑到上下左右的联系沟通，使机构减少到最低限度，便于低层次中建立起相应的机构，使职能制与层次制相结合，互相补充，以取得最佳管理效果。

（三）职、责、权相一致的原则

机构设置与人员配备坚持职、责、权一致的原则，是发挥部门职能作用和使其协调一致的关键问题。职是职务、职能，责是责任，权是指依据职能、任务所赋予的权力。职责应有明文规定，并与权力相一致。

明确每一机构的职能，使在其中任职的工作人员都能与他们的技能水平和能力相等是非常重要的。要严格地确定和分配职能，以保证各机构对自己所完成的全部任务负责，并达到精简不必要机构的目的。在设置机构和安排职务时应该本着任人唯贤和人能相称的原则，因事而择人，适当地安排人员，合理地分配任务，使职责统一，并按履行责任的需要，授予相应的权力，做到各个机构、各个部门都要有分工负责，要从上到下地建立岗位责任制。明确各管理层次和职能的职责范围、权力界限，使每个工作人员都能各司其职，各尽其责，各善其事。而且要严格岗位责任制的考核，以纠正过去职责不清、赏罚不明的现象，形成一个有效的、有秩序的学生管理新格局。

这里要注意的一点是，在职责过分具体化和工作人员任务过于狭窄的情况下，也会束缚他们主观能动性的发挥，甚至在发生突发事件时，丧失有效管理的可能性。因此，对每一机构和每一工作人员来说，责权一致过程中重要的是要确立他们所履行的职能的适宜性和特殊性程度，这同样是保证管理机构符合责权一致原则的前提。

（四）集中管理与民主管理相结合的原则

集中管理与民主管理可以说是当代大学生管理两个不可分离的组成部分，它们互为前提。只有高度集中，学生管理工作才有高效益，但也只有充分发扬民主，才能更有利于保证管理过程的高度集中。因此，大学生管理的集中化和民主化的相互关系应在管理机构实际履行职能过程中得以体现，它在很大程度上预先决定着能否达到系统所要实现的目标。集中管理的主要任务是根据学生管理工作的特征，做出统一的管理战略决策。

在垂直联系的系统控制之下，学校最高层领导人的责任范围经常被不适当地扩大，他们不仅被授权做出管理战略方面的决策，还参与具体管理活动，留给他们处理重大问题的工作时间很少。随着学生管理系统复杂化程度的提高和管理信息数量的扩大，尤其是系一级的学生管理活动，其管理难度也越来越大。

因此，集中管理与民主管理结合原则的意义就在于设置或调整学生管理机构时，要使管理机构内部的权力和责任进行相应的重新分配，尽可能地把战略性职能和协调性职能与具体的管理活动分开，在形成或改造管理机构的过程中，适当调整不同层次机构在学生管理工作中的参与决策、实施管理方面的作用。而且，在整个管理机构系统内，除了建立健全决策、执行系统外，还要建有监督、咨询和反馈系统，使整个管理组织具有良好的控制能力。

集中管理与民主管理相结合的另一个意义是，在设置大学生管理机构时，要建立起符合民主原则的管理机构和管理制度，要充分发挥管理对象，即大学生本身在管理中的作用。过去有的学校对学生管理效果不佳的重要原因，就是没有遵循民主管理原则，把学生当成消极、被动的管理对象，在工作中单纯采取限制、压制和惩办的手段。而要保证民主管理的实现，就必须通过不同的形式，吸收学生参与管理，使学生会和学生代表大会等学生自己的组织真正成为学生管理工作的有效监督系统和反馈系统，甚至在一些学生管理机构中也可吸收学生代表参加，从而形成大学生管理机构系统在集中领导下的民主气氛，提高学生管理工作的效率。

（五）因校制宜的原则

大学生管理机构设置方式在不同的学校，由于其所处的社会环境、自身的历史发展，以及学校的类别、任务、规模、条件、学生来源、领导力量、管理人员素质及校风、学风等各种因素的差异，不可能达到相同的管理效果。即使是同一学校、同一机构内，由于管理者的素质及工作作风的不同，也可能产生各具特色的、多样化的管理效果。因此，各校学生管理机构的设置，只能因地制宜，因校制宜，在统一要求下，从实际出发，实事求是，根据工作需要，研究设置管理机构。一般来说，中等规模的学校与小规模学校的机构相比，可能更需要一种完善的学生管理机构，至于大规模学校的机构则更应该从上到下地加以周密考虑。组织机构的设置，各校可根据教育部划定的大原则、大框架结合本校自身特点，进行慎重而周密的试验，不断总结经验，不断探索，逐步摸索出适宜本校并能达到最优管理的学生管理机构设置方案。

二、高校学生管理机构的职能

学生管理体制的确立为设置学生管理机构提供了理论导向。设立科学合理的学生管理机构，首先必须研究学生管理机构所应具有的职能。所谓学生管理机构的职能，是指学生管理机构应承担完成的基本任务。学校的一切工作都以育人为中心，学生管理机构作为学校的职能机构，其职能应围绕这一中心而展开。根据国内目前的学生管理实践并吸收国外学生管理的经验，我们认为，学生管理机构应具备服务、管理和教育 3 个基本职能。

（一）服务职能

服务职能应是学生管理机构的首要职能，这是不同于传统学生管理机构的显著特点。邓小平同志曾经指出，领导就是服务。学生管理机构的工作人员也应是学生的勤务员和公仆，理应为学生成才做好服务工作。这里所说的服务职能既指学生管理机构创造一切可能的条件为学生的成才服务，又指学生管理机构在管理、协调的活动中树立为基层服务的意识，为基层管理工作的开展创造良好条件。

学生管理机构服务职能的基本内涵，应包括为学生成才服务和为基层服务两个方面。二者是相互联系、相互作用的。前者是服务职能的目的和出发点，而后者则是服务职能的手段，下面将展开具体介绍。

第一，为学生成才服务主要有生活服务、学习指导和健康发展咨询 3 个方面。生活服务不仅是指我们通常所说的办好食堂、建好宿舍，为特困生提供困难补助等工作，而且还指为学生提供在校如何生活的指导性服务。美国有些高校开设的"90 年代的大学生活"（College Life in the 1990s）课程和我国部分高校已试开的"大学生活导论"课程，其目的都在于对大学生开展教育，包括大学生活的意义教育，进行校园生活方式及自下而上的技能教育等，帮助大学生特别是大学新生正确认识、正确理解和正常进行校园乃至社会生活，使他们顺利地完成学业，成为对国家建设有用的人才。

学习指导主要是指对学生进行学习目的、学习方法以及科学的时间观和辩证思维教育，诸如如何合理安排时间、如何制订学习计划、如何听讲、如何记笔记、如何提高阅读速度以及如何科学有效地使用大脑等方面的内容，以帮助学生适应学校的学习环境。

健康发展咨询是为了保证学生身心健康发展而开展的保健服务活动。在这方面，既要做好为了保证学生身体健康而必须做好的医疗保健和卫生工作，又要做好对学生的心理保健工作，帮学生出主意、想办法、解疑难、增信心，以达到教育学生、帮助学生的目的。

第二，为基层服务是学生管理机构服务功能的重要方面。在过去的学生管理工作中，学生管理机构对基层往往是管得多、提要求多，却很少考虑为基层提供有效的服务，不利于调动基层管理工作者的积极性。为基层服务主要指为基层管理工作提供指导和咨询服务，共同提高管理水平，以及为基层管理工作者的自身发展提供帮助，使他们的思想水平和工作能力都不断得到提高，以利于更好地开展工作。

（二）管理职能

管理是学生管理机构的主要职能。管理职能是指学生管理机构采取科学有效的手段，对学生群体、个体以及影响他们成长的各种因素进行调控、组合，以顺利实现学生管理目标的职能。对学生的管理，一方面必须建立纪律制度和行为规范，对学生进行必要的约束；另一方面要特别注意使学生能主动地、生动活泼地进行学习和生活。

这里提到的管理职能主要体现在以下几个方面。

第一，行为管理。行为管理是一个依照行为规范对学生行为进行调控或让其自控的过程。教学生做事，先教学生做人。这里所说的行为规范包括社会政治准则、法律道德规范和学校的纪律制度等。管理者通过强化手段促成学生认同、内化并逐步养成遵守纪律的习惯，在强化调控过程中要注意对学生自控能力的培养，特别是不良习惯的纠正，只有将调控和自控结合起来，才能提高管理效率，取得好的成效。

第二，学习管理。学习是学生在校的主要任务，因此，学习管理是学生管理的核心部分。对学生的学习管理主要包括对学生进行学习目的性教育，增强学习的自觉性；探索研究学习科学，为学生提供学习方法的指导，抓好学籍管理，加强学风建设；塑造学习典型，推广先进经验；重视专业技能的培养，提高学生服务未来社会所需的各种专业技能；等等。

第三，生活管理。学生的生活管理主要是通过管理和教育等调控措施来提高学生的生活自理能力、生活自理效率，培养学生的生活自理习惯，增强遵守学校生活秩序的自觉性。生活自理能力是指学生学会生活，能够掌握日常生活的知识与技能。提高学生这方面的能力，必须组织学生参加劳动锻炼，诸如组织学生开展日常公共环境卫生清扫、督促学生讲究个人卫生等。生活自理效率主要是指让学生学会管理时间，提高时间利用率。生活自理习惯主要是指良好的生活方式的养成并逐步形成习惯。在这些能力、习惯的培养形成过程中，让学生体验到取得收获的乐趣，从而自觉地遵守学校生活秩序。

第四，自我管理。自我管理是学生能动地管理自己的过程，主要包括自我认识、自我激励、自我控制等动态过程。自我管理是学生管理的必然归宿，因此培养学生自我管理的能力应成为学生管理机构的重要职能。

（三）教育职能

学生管理机构的教育职能是学生管理机构按照教育方针的要求，向学生传授必要的道理和知识，从而全面提高学生素质的一种功能。学校要把学生培养成未来社会主义建设的新型人才，就必须充分发挥学生管理机构的教育职能。

学校要把对学生的教育体现在管理中，管理也是为了教育。学生管理机构对学生所进行的教育应是全面的教育，从实际工作来看，教育职能的发挥主要应体现在学生入学、日常管理和毕业3个阶段，并且，其中还应贯穿对学生的专业思想教育、素质教育、劳动教育以及美育和体育等。以下将对教育职能的具体内容展开论述。

第一，管理教育。管理教育是指为了提高学生管理的成效所开展的教育活动，具体地说，包括入学教育、就业指导教育和日常管理教育。

（1）入学教育，是指学生进校后接受学校管理教育的第一步，对学生起着"先入为主"的作用，教育效果如何将在很大程度上影响学生在校的发展。因此，大多数高校、中专学校都很重视入学教育。有的学校将入学教育内涵扩大，形成军事训练、行为规范和基础文明教育、爱校爱专业教育三部曲，循序渐进，巩固和提高教育效果，是一种行之有效的教育模式。

（2）就业指导教育，是指在毕业前学生管理机构所组织的旨在引导即将毕业的学生找到适合自己的工作岗位所进行的教育。对于目前大学毕业生就业困难的问题，高校应帮助学生建立新形势下正确的择业观、职业生涯规划，以及提高信息收集能力、心理建设能力等。对毕业生的就业指导随教育改革的进一步深入，会愈来愈受学校的重视和毕业生的欢迎。有的学校还专门成立了毕业生就业指导中心，专门负责这项工作。

（3）日常管理教育，是指以国家各级教育行政主管部门颁发的行为规范和学校的纪律制度为依据，对学生进行的一种经常性的教育。一般应在学生管理机构指导下，由辅导员、班主任直接实施。

第二，专业思想教育和素质教育。这两项教育是相辅相成的。专业思想巩固了，就能促进学生自觉地提高自己的综合素质；同样地，素质教育取得了成效，也能提高学生对所学专业的正确认识，增强学生从事所学专业的信心，从而达到巩固学生专业思想的目的。

热爱所学专业是每个大中专学生所必须牢固树立的观点，在改革开放时期，鼓励人才流动，这是无可非议的，但人才流动要以人力资源的合理分配、人尽其才为前提，而不应因为流动造成人才的浪费。学校专业的设置、招生规模的确定是以现实社会的需求为基础、未来社会发展的要求为依据的，因此，每位学生都必须热爱专业、学好专业，将来才能更好地报效祖国，所以专业思想教育应贯穿于学生学习生活的始终。

第三，体育、美育和劳动教育是人才全面发展不可或缺的方面。学生管理机构要采取有效措施督促学生加强体育锻炼，增强身体素质；对学生进行美育，提高他们的审美能力；进行劳动教育，培养学生热爱劳动人民的情感和养成勤劳俭朴的美德，树立正确的劳动观念，具备服务社会必备的劳动技能。

三、高校学生管理机构结构的形式与机构设置

从理论上可以归纳为"直线型""职能型""直线—参谋型""直线附属型""矩阵结构"等形式。目前，多数学校采用的是"直线—参谋型"或"矩阵结构"形式。下面将对这两种形式进行具体介绍。

（一）直线—参谋型

"直线—参谋型"的结构形式是把大学生管理人员划分为两类：一类是直线指挥人员，如校、系负责人，他们拥有对较低层次学生管理部门实际指挥和命令的权力，并对该组织的工作负全部责任；另一类是职能管理人员，他们是直线指挥人员的参谋，作为直线领导的参谋和助手，他们只能对指挥系统中的下一级管理机构进行业务指导，而不能对他们直接进行指挥和命令。

"直线—参谋型"的最大优点是它的上下级关系很清楚。这种结构形式中的职能机构，是按照一定的职能分工，担负着学生思想、教学、行政、生活等方面的管理任务，职能机构通过各自分管的学生管理任务，对有关管理工作起着业务指导和保证作用。

具体说来，职能机构担负着以下职责：向领导提供有关情况和报告，提出建议和方案，供领导决策时参考；监督下级机构对上级领导的指示、命令和有关计划的执行、检查执行情况，以便更好地贯彻领导的指示和意图；协助各级领导，具体办理有关学生管理业务，为下级管理机构创造完成任务的保证条件，在业务上指导和帮助下级组织。"直线—参谋型"结构领导关系简单，能始终保持集中

统一指挥和管理，避免了机构系统中多头指挥和无人负责的现象，因此，学生管理方面出现问题就可以一级找一级直到问题解决；同时，各级领导人员有相应的职能机构做参谋，可以充分发挥其职能管理方面的作用。但是，事物之间除了纵向联系外，还存在着横向联系，"直线—参谋型"的结构形式在实际执行中也有明显矛盾。

由于该结构系统的客观原因，在一系列组成单位中不得不分散管理职能，这样，当管理建立在把一切工作形式明确地独立出来和对职能有明确分配的时候，这种管理活动的每一个参与者就都能够明确目标。然而，虽然它们都是按照学校统一计划、统一部署进行工作，但由于分管不同业务，观察和处理问题的方法、角度各有侧重，彼此间往往会产生矛盾。此外，在这种结构系统中，垂直联系高于一切，解决与战略任务并存的、大量的具体管理问题的任务和权力聚积在上层，诸如伙食问题、寝室问题等具体问题经常压倒一系列长远任务，而且使在系统发展过程中所产生的新任务的解决发生困难。

（二）矩阵结构

针对"直线—参谋型"结构中出现的一系列问题，需要有这样一些管理机构，它们能较好地适合于学生管理系统发挥作用，在较特殊的情况下，能有效地协调各方面的职能，而"矩阵结构"管理系统就是这样一种结构。在这种结构范围内，不是从现有的隶属等级立场出发，而是集中在所有形式的管理活动整体化和改进这些活动形式的协调动作上。因为只有这样，才能创造条件有效地促进管理目标的实现。例如，为了加强对学生的思想政治教育及对学生的全面管理，为了开展评先奖优活动，在党委和校长领导下成立的学生工作委员会、奖学金评定委员会、毕业生分配委员会、群众体育运动委员会等等，都是按照专项分工，把各职能部门工作从横向联系起来，形成全校学生管理工作的矩阵组织结构。

矩阵组织结构的特点是：纵向的是"直线—参谋型"组织形式，按层次下达任务，各有关职能部门按其职责范围，分别按层次贯彻学校的学生管理工作计划；横向则是由职能部门抽人组成的，按其专项任务分工的组织，这些组织中的人同时接受职能部门的主管和专项主管的双重指挥。这些纵向的矩阵型结构有机地结合在一起，互相配合，对学生管理工作进行综合管理。

在这种结构形式下，原有的管理结构仍然是完整的，但实质上，管理结构的权力关系和它的各个部门的职责却发生了变化，即把做出决定的责任和对执行情况的监督划归为专项工作组织，而职能部门则从系统所要求的信息、管理工作的实施和其他方面来保证系统的稳定运行。学校领导则可从一些非原则性的日常问题中摆脱出来，并可以提高管理结构的灵活性和对解决问题的责任感。

四、新时期高校学生管理机构设置的探索

随着高校扩招和高校后勤社会化的全面推行，国内高校都在探索创新学生管理模式。下面将针对新时期国内高校学生管理机构设置的探索情况进行具体介绍。

（一）三大平台和两大系统

就其整个学校学生管理而言，高校的学生管理机构和运行模式可按照三大平台、两大系统来构建，具体内容如下。

1. 教育平台

其职能部门为学生管理工作办公室。主要是对学生的政治思想、行为规范、学生社区日常生活、心理健康教育与咨询等进行教育管理，包括思想政治教研室，主要负责与学生日常行为结合较为紧密的思想政治课教学，使学生在当前的重大政治、经济等形势政策上与中央保持一致，与政治理论课的区别在于，其教学内容主要涉及的是现实问题，较少涉及深层次的理论问题；思想教育管理科，主要负责对学生的思想政治表现进行教育与管理，并开展一些思想政治类教育的学生社区活动；学生管理科，主要负责管理学生的日常行为规范；宿舍管理科，主要职责为规范学生的寝室管理；各学生社区，主要职责为各学生社区的管理；心理咨询室，负责对学生开展心理咨询和心理健康教育。

2. 教学平台

对学生实行教学管理。职能部门为教务处，它是负责全校的教学组织、管理、运行的职能部门，制定教学管理规章制度，负责教学行政事务，面向全校学生组织、实施和检查教学工作；处理学生的学籍问题，负责学生成绩管理；检查、维护教学秩序等。教务处下辖教学管理科、教学质量科、教材科等，负责学生学习的日常管理，实行奖惩，并进行学风建设等。

3. 招生就业平台

在市场经济条件下，面向人才市场培养人才，是关系到一所高校生存发展的大事。其职责部门为招生处和就业指导中心，下辖招生科、就业科等，负责全校的招生和毕业学生的就业指导与管理。

4.后勤保障系统

后勤保障系统包括为学生生活服务的相关后勤保障部门，如保卫、膳食、卫生、宿舍管理等一系列部门。其职能是管理学生生活，主要职责有负责全校学生的日常行政事务管理、清洁卫生、膳食和生活福利工作；组织学生的公益活动和勤工俭学活动，负责学生的卫生保健工作；组织实施并检查学生教室、宿舍的维修工作等。武装保卫处下辖保卫科、治安科等，其职责是保证学校的稳定，维护教学秩序，同时负责对新生进行军训和国防教育等。

5.信息系统

信息系统包括二级学院信息系统、教育平台信息系统、教学平台信息系统、招生就业平台信息系统和后勤保障信息系统等。三大平台、两大系统的工作在学校学生工作委员会的领导下进行。这一机构是由相关职能部门参与的综合协调机构，它向上对学校党委行政和主管学校学生管理工作的领导负责，对下则负有领导各职能部门和各二级学院，促使其正常运转的职责。

共青团是中国共产党的助手和后备军，高校共青团委的职责是协助党的有关工作，应积极组织青年大学生开展符合青年特点的各项政治、体育与文化活动。

一般情况下各机构可以直接指挥协调基层的学生管理工作，但牵涉全局或由多部门协同作战的工作需由学生管理工作委员会办公室牵头协调，以免对下产生"多头指挥"的现象。系级学生管理由系主管学生管理工作的领导与辅导员负责（或成立学生管理工作小组共同负责），承担参谋职能的是学生管理工作秘书和团总支书记。辅导员负责上传下达，协调处理一些具体的管理事宜。班级管理由班主任或年级主任负责。

（二）高校学生管理机构的职能优化

所谓学生管理机构的职能优化是指通过合理处理各管理机构之间的关系，使其更适合学生管理的性质和工作环境，从而提高管理效益。要实现学生管理机构的职能优化，高校应处理好以下几个关系。

1.集权与分权的关系

在学生管理中，职权的集中和分散是对立统一的，没有绝对的集中，也没有绝对的分散。如果职权过分集中则不利于调动各级管理人员的积极性；如果职权过分分散又不利于统一领导、统一指挥，更不利于用统一的标准来衡量各机构的工作质量，因而集权和分权只能是相对的。

2.职能与参谋的关系

我们所设计的这种管理机构组织结构属于"直线职能参谋制"，它要求所有的职能机构都肩负起职能部门、参谋部门的责任。在学生管理实践中，职能和参谋是相辅相成的，如果管理机构注意决策和指挥而忽视参谋职能，违背了原来的设定原则，不利于有效统一的管理；但如果仅仅发挥参谋作用，不参与决策、指挥，那这种参谋也是无力的。因此，正确的做法应是在充分发挥职能机构作用的基础上，努力发挥参谋和咨询作用。

3.责与权的关系

处理责权关系的关键在于责权结合、责权对应，而不能责权分离、责权不符。也就是说，主管领导在明确有关职责的同时，必须赋予该部门同等的权力，做到责与权相一致。如果出现责大权小、责小权大，或责大无权、有权无责等现象，则会严重影响管理效益。

第二节　高校学生管理工作队伍的建设

一、高校学生管理工作队伍建设的意义

（一）有利于构建良好的校园环境

在管理的本质和职能的体现上，大学生管理队伍起着决定性作用。大学生管理是高等学校管理工作的主体，是从管理上保证高等学校完成培养四化建设合格人才的一项系统工程。它直接关系到学校的安定团结，关系到正常秩序的建立，关系到能否教育学生抵制错误思潮和不良风气，以建立良好的校风学风，促进学生健康发展，自觉成才。

高等学校学生应当具有坚定正确的政治方向，热爱社会主义祖国，拥护中国共产党的领导，积极参加社会实践，走与工农相结合的道路；应当具有为国家富强和人民富裕而艰苦奋斗的献身精神；应当遵守法律、法规、校规、校纪，有良好的道德品质和文明风尚；应当勤奋学习，努力掌握现代科学文化知识。这体现了社会主义大学生管理的本质，适应了社会主义政治、经济对大学生管理工作的要求。

然而，学生管理的管理目标能否实现，直接起决定作用的是管理干部。由于大学生管理是以人的集合为主的系统，其管理工作充满着教育的特点，因此，管

理干部在学生从入学到毕业的在校阶段的学习、生活、行为的全过程中，发挥着不可替代的组织、领导、督促检查、控制、协调、指导帮助和激励、惩罚等方面的决定性作用。

可以说，在学校这个培养人才的系统中，无论从诸因素的相互关系去分析，还是从各个工作环节去分析，作为以教育者为主体的管理干部，始终处于主导地位，涉及学生成长的一切工作是通过他们进行的，学校工作的成果以及培养人才质量的好坏，归根到底也依赖于他们。当前，随着改革开放不断深入，各种文化思想、新旧观念的冲突，造成了部分学生思想的不稳定，因此，加强科学管理尤为重要。而管理干部，特别是领导干部在体现大学生管理的本质和职能上起着决定性的作用。因此，构建高校学生管理工作队伍，有利于构建良好的校园环境。

（二）有利于实现人才培养的目标

在学校人才培养目标的实现和各种教育要素的构成上，管理队伍起着骨干作用。学校工作应以培养人才、促使青年学生健康成长为中心。大学生管理的目的也在于全面实现高等教育的目标，概括讲，就是提高管理水平，促进人才素质的提高，使大学毕业生能主动适应社会主义现代化建设的需要。

大学生管理的基本要素有4个：一是管理对象，二是管理队伍，三是管理内容，四是管理手段。在4个要素中，虽然管理对象是管理活动的主体，但是开展管理活动的主力却是管理队伍。管理对象要靠管理队伍教育培养，管理内容要靠管理者去制定，管理手段要靠管理队伍去运用和改革。任何先进的管理手段都只能作为辅助工具，不能代替管理队伍。

换言之，学校的一切工作，包括正常的教学、生活秩序的建立和维护，学生良好行为习惯的养成，严谨、科学、优良作风的培养，德、智、体诸方面的全面发展，都需要管理队伍去精心决策、计划、组织、指挥和控制。而且，随着国家建设的需要，高等学校培养人才的任务日益繁重，可以说是以往任何时期不能比拟的。而改革过程中新旧体制对峙的状态导致不同社会利益矛盾大量存在，有的还趋于表面化，最突出的问题是形成了议论多的难点、热点。这些改革动态过程中出现的问题，无一不在大学生的身上反映出来，国内国外各种势力也都把自己的希望集结在大学生身上。这些都增加了大学生管理工作的复杂性和困难性，因此，时代对大学生管理队伍的要求也越来越高，大学生管理队伍在学校人才培养目标的完成上所发挥的作用也越来越重要。

（三）有利于准确掌握管理规律和原则

在大学生管理规律的掌握和管理原则的贯彻上，管理队伍发挥着主导作用。管理队伍对管理的本质和职能的决定作用，以及完成管理任务时的骨干作用，都是管理队伍在大学生管理工作中的主导作用的体现，而发挥管理队伍在培养人才工作中的主导作用，又是管理过程中掌握管理规律和贯彻管理原则的需要。

管理过程是学生在管理工作者指导下认识客观世界的一种特殊的认识过程。在此过程中，存有多层次、多方面的关系、矛盾、规律，而管理队伍与学生两方面的活动乃是管理过程中最主要的活动，发挥管理工作者的主导作用以及调动学生自我管理的主动性和积极性乃是主要矛盾和主要规律。

尽管管理过程中还有其他各种关系，诸如思想管理、行为管理、智育管理、体育管理、美育管理方面的关系，管物与管人的关系，学生管理与教师管理的关系，管理者的素养与管理效果的关系，管理效果与管理者对大学生心理特点、思想特点认识程度的关系，以及宏观方面的学校教育和学生管理与外部世界的关系等，但是，这些关系、规律都是从属于管理过程的总规律的。

为了正确地反映和掌握这些规律，实现一定的管理目的，管理工作者经过长期的探索，提出了一系列管理原则：诸如为社会主义现代化培养合格人才的原则，实事求是、一切从学生实际出发的原则，系统综合管理原则，管理与教育相结合原则，民主管理原则等。

在这些原则中，发挥管理工作者的主导作用和启发学生的主动意识，与培养学生自我管理能力相结合应成为中心环节，而在管理工作者与学生这对主要矛盾中，管理工作者又是矛盾的主要方面，因为这些原则的贯彻归根到底还要靠管理工作者去发挥主导作用，还要靠管理工作者去全面掌握和运用，进行创造性劳动，去启发学生配合管理，积极、主动地按照德、智、体全面发展的人才标准进行努力。

（四）有利于提高高校教育教学质量

在改革开放时期，大学生管理队伍发挥着特殊作用。高等教育的培养对象不同于普通教育，大学生的生理特点和心理特点不同于中学生，他们的心理特点和思想特点是由他们所处的社会环境和他们的地位的变化、学习活动的变化以及生理变化所决定的，社会政治、经济乃至社会舆论和社会生活方式对大学生的影响是很直接、很密切的。

社会主义新时期的大学生管理工作已不是一般的培养良好思想、良好行为习惯的工作，而且还担负着系统地向学生进行马克思主义教育，特别是辩证唯物主义和历史唯物主义教育，坚持正确的导向，不断提高学生的政治免疫力，努力创造良好的内部环境的重任。在加强对学生思想教育的同时，要严格大学生管理工作，使学生不断增强历史责任感。显然，在社会主义新时期的大学生管理工作中，管理工作者不仅在提高教育质量方面发挥着普遍作用，而且还日益显示出在学生成才导向方面的特殊作用。这些都充分说明建设一支各方面素质良好、战斗力强的学生管理队伍，是办好社会主义大学的一个重要措施。

二、高校学生管理工作队伍建设存在的问题

充分发挥高校管理干部队伍整体的决策、计划、组织和控制职能，建设一支精干、高效的管理队伍，是实现高等教育培养具有创新精神和实践能力的高级人才，发展科学技术文化事业实现国家科教兴国战略的重要保证。但目前与高校对教师队伍建设的投入和重视性相比较，高校管理队伍建设明显滞后，相关问题也比较多。

（一）学生管理工作队伍专业化程度不高

高校管理队伍专业化是指一批能够掌握高校管理专业知识、具备较高的专业工作能力、相对稳定的职业化管理队伍。这样的一批队伍是实现高校管理专业化的保障，直接影响着高校管理和教学工作的效率和水平；建设具有专业化的高校管理队伍也是高校实现科学管理的要求，有利于提高高校的管理效能，而科学管理能够有效促进管理者的职业生涯的拓展，增加管理人员的积极性和创造性。在当前由于对专业化的认识不足，更对高校管理工作和队伍建设的重视性不够，导致目前管理人员在专业化建设方面存在着诸多的问题，主要表现在：缺乏现代的管理观念，管理理念陈旧，缺乏科学的管理知识，习惯凭借个人经验来进行管理工作；很多管理人员知识结构不合理，学历水平普遍低于教师队伍，降低了管理者的威信力和学校的凝聚力；不少管理人员专业学术水平低，专业知识不足，降低了为教师队伍提供支持的服务水平：管理队伍整体职业化水平低，成员大部分都不是专职的，大多没有接受过系统的管理学或高等教育的训练，不能适应高校科学管理水平。

（二）管理工作队伍建设缺乏科学的管理制度

在当前的一些高校管理队伍建设过程中，还有应用传统化观念和方法的现象，这些高校已经习惯于应用以往的方法加强信息化建设以及信息化管理，无法及时

解决具体的机构设置以及人员编制问题，无法组建出专业素质较高的信息化建设队伍。现阶段，我国高校管理工作队伍建设缺乏科学的管理制度主要体现在以下方面。

（1）目前各高校都已经改革人事制度，实施分岗位设置管理制度挫伤了管理干部的积极性。管理岗位与专业技术岗位相比较，发展的空间狭小，晋升的机会较少，而且由于工资待遇是按照职级来确定的，因此管理岗位的待遇要相对低于技术岗位。

（2）目前的考核制度很难对干部能力做出全面准确的评价。对干部的考核一般形式有民主推荐与测评、个别谈话、请群众评价等方式，在定量与定性方面缺乏科学的指标，导师考核内容模糊笼统，结果大同小异，难以激发干部的责任心。

（3）干部流通与竞争选拔的机制不健全。高校内部存在着干部能上不能下、能进不能出的现象，因此很多干部在高校中处于流动静止状态，更遑论干部轮岗了。而在不同的高校之间，或者高校与党政机关之间的交流也非常有限，不少优秀干部，由于学校对外交流闭塞，且内部消化能力又不足，而不得不在同样的职级上工作多年，挫伤了工作的积极性。

（4）高校的用人选人机制还很不健全，还未制定出系统的、切实可行的竞争性选拔干部的具体措施和办法，导致有些优秀人才得不到发展的机会。

（三）管理工作信息化建设经费投入不足

对于高校教学管理信息化工作来说，其属于一项较大的工程，在这个工程建设当中，不仅需要加强基础设施建设，还要加强教学信息资源建设。在最初的教学管理信息化建设阶段，需要的资金往往比较大，高校需要具备一定程度的经费保障。但在我国很多高校当中，都存在办学经费不足的问题，这样就会导致教学管理信息化建设工作难以落实。

（四）管理内容的信息化含量和程度不高

在教学过程的组织上，多媒体技术特别是网络技术还没有得到广泛的应用。在教学行政管理手段上，网络化、智能化普及面窄，管理效率低下。软件重复开发，数据不能共享，信息资源建设滞后，建设上缺乏协调和合作，分散了信息资源建设的人力和物力。教学管理人员的信息技术应用能力水平较低，信息管理能力不足，网络技术、智能技术还未能在实际工作中得到普遍的应用。

（五）管理工作人员个人综合素质有待提高

首先，高校管理队伍个人素质问题体现在政治素质方面。这是指从事高校管理工作所必备的政治立场、观点和品质。一些管理干部的理论水平不够深厚，学习主动性和自觉性不强，在思想道德与党性觉悟方面也有一些不足。

其次，高校管理人员的专业管理水平不高，对高校管理规律缺乏认识和研究，学习能力不够，更缺少创新意识，不能适应新形势下管理工作的要求。

（六）部分管理人员处于非职业化管理状态

在高校教学管理当中，中层管理者承担的责任比较大，他们往往是各个部门的领导，肩负的任务是比较多的，特别是教学部门领导，不仅要做到上情下达以及下情上传，还要保证相关工作的有效组织和落实，不仅肩负着履行管理职能的任务，也肩负着加强教学科研的任务，中层管理人员必须起到比较好的带头作用，保证高校教学和科研工作的及时落实。

学院中层人员往往是业务型的专家，具备比较深的学术造诣。但在具体的学校信息化管理当中，很多中层管理人员自身的管理知识和方法并未得到应用，只是一味凭感觉管理，摸索管理方法，时间长了之后，会大大降低高校信息化管理水平和质量。

三、高校学生管理工作队伍建设的措施

（一）设立培养管理人员的专门学校

早在 2000 年，美国提供教育管理博士学位的大学就有近 150 所，提供硕士学位的则超过 300 多所。如果包括近 100 所提供高级训练工作的学校，其总数至少达到 370 所以上。美国教育管理培训除了学历教育外，继续教育、在职教育也十分活跃。针对上岗后教育管理人员的实际需要，各大学开设各种短期培训，其形式灵活，教育方法多样。

对于一个成熟的职业来说，其从业人员的来源渠道是应该有保证的，如医生有专门的医学院、医科大学提供经过专业训练、拥有熟练技能的人才，医院所需医生可以从这些学校的毕业生中间选择，不仅可以保证所选择人才的质量，用人单位也可以省去招聘之后再培训的麻烦。高校管理人才也是同样，如果要想让从业人员上岗后立即进入状态，拥有所需的各类知识，就必须有提供高校管理人才的渠道，比如高校的教育学专业毕业生等。尽管目前我国已经有了培养高等教育

管理人才的相关专业，每年也有一定数量的毕业生，但与所需的人才数量相比还远远不够。所以，建议高校增设相关专业，甚至可以像设立医科大学或医学院一样设立高等教育管理学院，专门培养高等教育管理人才。

可以借鉴美国综合大学教育学院的课程设置，在课程设置方面，管理的基本理论、学校管理的相关理论、相关的教育法律知识、课程与教学的基本理论、教育管理的研讨课和研究的方法论课程等都应该作为高等教育管理专业学生的教学重点。因为管理的基本理论与学校管理的相关理论是学校管理人员应具备的最基础的知识，了解课程与教学又是学校管理人员必须具备的辅助性知识，具备相关的教育法律知识是科学、合法地进行学校管理工作的前提，研讨课与研究方法论课程用来促进学生之间的交流和研究能力的提高，尤其是方法论内容是学校管理人员应掌握的工具性知识。

另外，在培养学校管理人员时还应该开设适量的学校管理方面的实习课程，增加学生在教育管理方面的实践经验，把学到的各种相关理论知识与方法技巧运用到实际中去。实习过程中由已经取得相关管理资格证书的管理人员作指导，还可以要求实习人员开设讨论课，帮助学生解决问题、交流经验。这样培养出来的高校管理人员不仅具有扎实的专业知识，而且具备实际的操作经验，能够很快进入工作状态，从而很好地完成工作任务。

（二）保证高校管理科学化

在经历了连续几年的扩招后，高等教育的规模迅速扩大，高等教育已经跨入了大众化阶段；以高教园区建设为特征的高校基本建设取得重大突破，高校的总体办学条件进一步得到改善；高等教育对外开放进一步扩大，高等教育国际化进程进一步加快；高等教育管理体制改革与高等学校布局结构调整工作基本完成，一批高校通过适当的方式实现了合并重组，使得合并重组后的高校规模扩大，学科更齐全、更综合，发展潜力更大。

但是，高等教育在改革和发展中也存在着许多矛盾和问题，主要包括高等教育与经济社会发展还不够协调，体制改革、机制创新与市场经济发展要求还存在差距；高校办学经费不足，债务沉重，同时存在经费投入效率不高、资源闲置以及财力、物力的浪费问题；教师队伍总量不足，高层次优秀人才缺乏，同时教师队伍的不稳定问题也越来越困扰学校的领导者。存在这些矛盾和问题的原因是多方面的，但重要的原因之一是一些高校在着力抓扩招、抓建设时在一定程度上忽视甚至轻视学校的管理，突出表现为对学校的改革和发展缺少战略思考和整体规划；学校内部管理制度不健全，无章可循、有章难循，特别是有章不循的现象比较普遍，决策和管理主要凭经验、靠个人意志，主观随意性较强，科学化规范化水平不高；片面强调管理就是"服务"，忽视甚至轻视管理的组织和协调功能。

要想提升高校的办学水平和质量，必须提升高校信息化管理的水平和质量。在高校办学过程中，师资、生源、设备、经费等都是不可或缺的，但要想从根本上提升高校办学水平，必须不断创新和完善信息化科学管理方法，在结合高校客观发展规律的基础上提升高校的管理效率。

现在，我国的高校教育发展正面临着新的转折点。在高校招生不断稳定化和改革化的基础上，高校教学发展的核心必将转移到科学发展和科学管理上来，这样一来，不仅为高校管理水平的提升提供了契机，同时也给高校管理提出了更高的要求。因此，高校应采取以下措施进行应对。

1. 树立科学的管理理念

管理理念是管理者对管理所持的信念和态度，是对管理的理性认识和理想追求。科学的管理理念是科学治校的先导。高校的管理者应深刻认识和掌握高等教育的发展规律以及管理自身的运行规律，全面分析学校的内部环境和外部环境，对办什么样的学校和怎样管理学校做出理性的、全面的思考，应树立"管理是科学、管理出效益、管理是生产力"的理念，自觉运用科学的管理理念指导学校管理工作的实践。树立科学的管理理念还体现在以下 3 个方面。

（1）树立系统理念。高校既应把自身作为社会大系统的有机组成部分，不断强化社会责任感，积极履行社会职能，为促进经济的持续健康发展、维护社会的协调运行和动态平衡做出应有贡献；又应把自身的管理看作是一个系统工程，自觉运用现代管理科学系统论原理来实现学校管理组织的系统化。应整体规划，统筹兼顾，使系统的内部结构有序、合理，与外部关系协调，通过协调使有限的人力、财力、物力得到合理、协调的统一使用，以发挥最大的效能；应科学地认识高校管理系统的层次性，自觉地按层次进行管理，使管理的各层级、各机构及其工作人员各就其位、各司其职、各行其权、各尽其责，保证系统高效率正常运转。

（2）树立以人为本的理念。现代管理理论已不再把人视为"工具人""经济人""社会人"，而把人视为"资源人"，强调以人为本。高校是高层次人才的集聚地和培养地。高校的教育者大多学历层次较高，他们具有较强的社会责任感，更加注重精神上的追求和待遇，更加关注个人的发展机会；高校的受教育者作为培养对象，是正在形成的高层次人才。因此，高校的各项管理工作更应体现以人为本的价值取向，尊重人、依靠人、为了人，凝聚人的力量，提升人的素质，开发人的潜能，促进人的全面发展，以集聚更多的高层次人才，培养更多的全面发展的人才。

（3）树立依法办学的理念。在具体的办学过程中，高校相关行为是受法律监督和管制的，高校必须主动配合法制部门的管理，还要把法治精神带到院校管理当中，通过完善和严格执行校内规章制度，可以从根本上维护好校内规章制度的权威性，实现校内管理和运行的规范化。

2. 构建科学的管理组织

所谓组织，就是具有一定的共同目标和一定的活动规范的社会群体。高校作为实施高等教育的社会组织，其组织结构较复杂，内部分工在很大程度上与学科有关，组织成员的智能水平较高。因此，构建科学的管理组织对提高高校组织系统运行的有序性、提高工作效率更具有现实意义。在构建科学的管理组织方面，高校应做好以下几点。

（1）创新组织结构，完善权责体系。坚持和完善党委领导下的校长负责制，科学、合理地配置校党委、校长、学术委员会、教职工代表大会的权力，使其既相互配合，又相互制约，以保证学校组织系统运行的规范、有序、健康、高效。应正确处理党政关系，校党委着重抓重大问题的决策、抓制度建设、抓保证监督，支持校长独立、负责地行使职权，同时强化对学校行政工作的监督，保证其依法办学、按章办事，防止滥用职权和行政不作为，以改善和加强党委对学校工作的领导；应正确处理校长负责和民主管理的关系，适当扩大院（系）职权，强化院（系）职能，尊重和支持教职工代表大会和学术委员会依法履行职能，充分发挥他们在学校民主管理、学术管理中的作用，以实现学校管理的民主化和科学化；应正确处理学术自由和行政调控的关系，在学术事务的管理中应尊重学术权力，不应脱离学术权力的支配而行使行政权力，更不能以行政权力代替学术权力，以保证学术管理的科学化和权威化，同时坚持正确的政策导向，正确运用行政权力和政策"杠杆"，强化行政调控，以提高行政效率。

（2）完善组织管理制度，用制度约束干部的行为。既应对学校组织结构中各权力主体的职权划分等做出制度安排，又应对组织结构中各组成部分内部的机构设置、职权划分、人员编制以及各级各类人员的岗位工作规范等问题做出具体的规定；既应根据党的方针政策和国家的法律法规，结合学校的实际，制定贯彻落实党和国家有关规定的更具针对性、操作性的具体规定，又应在不违背党的方针政策和国家法律法规精神的前提下，遵循高校的办学规律，总结高校改革发展的经验教训，研究制定指导和规范各项管理工作的规章制度，以及应对学校改革发展中遇到的新情况、新问题，创新形成新的规章制度；既应进一步完善实体性规章制度，又应重视程序性规章制度建设，更应重视保障性规章制度建设，用制度保障对违规行为的处理和纠正。

（3）探求科学的管理方法。要想促进信息化管理建设工作的快速落实，高校必须在结合内部管理情况的基础上，不断创新和完善信息化管理方法，要通过管理创新，改变以往落后的办学状态，还要在结合社会发展需求和市场发展需求的基础上，适当调整和增设新专业，及时修改和完善人才培养方案，还要通过加强科研课题立项等，强化市场意识，挖掘信息化管理资源的潜力，最终提升办学水平和办学效益。另外在具体的信息化管理过程中，不能一味依靠个人经验进行管理，除了要应用科学、合理的管理方法外，还要严格遵循相关制度和标准加强管理。

（三）实行职业资格准入制度

资格证书制度起源于工业革命以后，是各个行会推行的行业技术资格证书和技术职称制度。资格证书是具有法律效力的证明文件，与身份证、工作证、毕业证等一样能有效地证明一个人某方面的特征。从社会学的角度来看，社会活动中的每个个体都具有确定的身份。社会通过资格管理使个人在职业活动中奉公守法并遵循职业规范，这样才能保证社会经济技术活动的管理井井有条，社会发展的稳定、高速。

职业资格证书制度是在职业的职业化过程中出现的，它要求从业人员经过严格系统的教育和培训，获得能胜任工作的特殊知识和技能，获取职业资格证书，进而获得从业资格。职业资格证书制度现在已经成为很多国家对各行各业从业人员规定的职业准入制度。

实行高校管理人员职业资格证书制度是推行全员聘用制的前提。职业资格证书制度是国家对各行各业从业人员规定的职业准入制度。它是在职业的专业化过程中出现的，要求从业人员经过严格系统的教育和培训，获得能胜任工作的特殊知识和技能，获取职业资格证书以获得从业资格的一种职业管理制度。科学设岗、面向社会公开招聘是推行全员聘用制的关键。管理岗位是高校专业化管理者的工作平台。这个平台搭建得是否合理、科学，将直接关系到高校管理队伍专业化建设的成效，科学设岗是推行全员聘用制的关键，是推进高校管理队伍专业化建设的重要步骤。

高校管理人员资格证书应该成为聘任或应聘高校管理人员必不可少的合法依据。什么人可以担任高校管理人员，可以在哪一级岗位工作，在管理人员资格证书中都应该有明确的规定。高校管理人员持有哪一类、哪一级证书，需要什么样的训练，需要什么程度的学历，必修哪些课程，各类课程需要多少学分，也应该有明确的规定。目前对于教师资格证书的研究比较多，结合这些研究，根据高校管理人员现状，在此主要探讨实行高校管理人员职业资格证书的几点具体想法和建议。

第一，必须尽快建立高校管理人员职业资格认证制度和认证机构。建立高校管理人员职业资格认证制度和认证机构，成立全国高校管理人员教育资格与审查委员会，并对参与高校管理人员教育和培训的高校及机构的师资、设施、课程等方面进行评估。对于那些评估合格的高校和机构，还要进行监督、考核，以保证质量。此外，全国高校管理人员教育资格与审查委员会还负责统一为考核合格的高校管理人员颁发资格证书，以规范高校管理人员市场。

第二，明确高校管理人员职业资格证书的等级和类型。高校管理工作的层次不同，管理人员的等级和类型也应该有所不同。高校既有初级管理人员，也有中级管理人员和高级管理人员；既有分管人事的也有分管学生工作的，还有分管就业的，等等。针对不同层次、不同类型，管理人员所需要的知识结构也是不同的，因此职业资格证书要分等级和类型。高校管理职业资格证书大致可分为3个等级，即初级管理人员证书、中级管理人员证书和高级管理人员证书。这3个层次的管理人员证书有一些必须具备的条件，在此简单列举。

（1）初级管理人员证书，须具备以下条件：①获得教育学或管理学硕士及以上学位，或者是获得非教育学或管理学硕士及以上学位，但修完了教育管理方面的相关课程，并获得了相应的学分；②参加高校初级管理人员资格考试成绩合格者。

（2）中级管理人员证书，须具备以下条件：①获得教育学或管理学硕士及以上学位，或者是获得非教育学或管理学硕士及以上学位，但修完了有关教育管理的课程，并获得了相应的学分；②已取得高校初级管理人员资格证书；③在高校管理层工作3年以上；④取得了突出的高校管理研究成果。

（3）高级管理人员证书，须具备以下条件：①获得教育学或管理学硕士及以上学位，或者是获得非教育学或管理学硕士及以上学位，但修完了有关教育管理的课程，并获得了相应的学分；②已取得高校中级管理人员资格证书；③在高校中层管理岗位工作 3 年以上；④取得了突出的高校管理学术研究成果，得到了同行专家的高度评价；⑤参加高校高级管理人员资格考试且成绩合格者。

以上是针对工作岗位的层次来划分的三类证书，除去层次以外，不同部门对于专业知识的要求又是不同的，因此高校管理人员上岗还必须学习相应部门的知识，比如人事部门还应该学习人事管理方面的知识，学工部门还要学习学生工作方面的知识，并通过相应的考核。

所以，要想成为高校人事部门的初级管理人员，必须具有初级管理人员证书和人事管理考核方面的合格证书。需要强调的是，这些证书也不是终身的，持证人必须每隔几年就要再次参加高校管理方面的培训，更换职业资格证书，这同时也是为高校管理人员获得更高一级管理职位而进行的激励和鞭策。

第三，关于高校管理资格证书的获取。一方面，我们要确保高校管理职业资格证书制度的开放性。这里所说的开放包括两方面的含义，一是获取人员的开放性，任何学科毕业的毕业生都可以参加高校管理职业资格证书考试的资格，只要修完所规定的课程并获得了相应的学分，就可平等获得高校管理职业资格证书；二是学习方式的开放性，可以通过参加培训机构学习，可以自学，也可以通过网上课程学习，不论通过何种方式学习，只要最终通过资格考试就可以拿到证书。另一方面，要保证所有最终获取证书者都经过严格的专业训练，以确保证书的含金量。现在很多职业资格考试流于形式，只要肯记、肯背就可以通过考试，这是不可取的。高校管理工作不是纸上谈兵，是要处理具体的管理问题，是很灵活、很复杂的，是考验人综合能力的一种工作。所以对于考核的形式和内容要慎重，要确保最后获取证书的人是真正适合高校管理工作的人。

（四）树立全面的信息化教学管理观

1. 确立教学管理创新理念

推进教学管理信息化还必须进一步解放思想，以现代教育理论为指导，以变革传统的教育思想为先导和动力，实现管理创新。信息化的教学管理创新，要求教学管理主体对传统的教学管理理念、教学管理模式、教学管理方法和手段进行客观分析和取舍，根据知识经济时代对人才培养的要求，充分吸收借鉴校内外教学管理改革和实践的有益经验，探索与知识经济时代教育改革发展相适应的教学管理新路子。

2. 强化五方面的教学管理观

第一，高校在人才培养模式上需要强化的观念是：培养厚基础、宽口径、复合型、能创新的高素质人才；把素质教育、创新教育贯穿于人才培养的全过程，坚持通识教育与专业教育并重，学问修养与人格修养并重，知识、能力与素质并重；针对不同教育对象因材施教，实现人才培养模式多样化，而人才培养模式改革必须落实到课程体系、教学方式和管理方法等方面。

第二，高校在学科专业建设上需要强化的观念是：学科建设是高校建设中一项综合性、战略性的建设工作，是高校建设的龙头，是高起点的科学研究和高质量的人才培养的基础；当代科学技术迅猛发展，使各类学科既高度分化，又高度综合，学科之间交叉、融合是信息技术发展的必然结果。

3. 管理注重效率

在高校信息化教学管理过程中，要想真正实现管理效益，就必须进行科学合理的教学行政管理，通过加强教学行政管理，可以从根本上提升高校信息化管理效率。具体来说，在高校教学形成管理当中，要明确教学行政管理的运行机制，还要建立有效的信息渠道，实现网络信息技术和信息服务的有效结合，并加大技术创新以及服务创新力度，在提升教学行政管理效率的基础上，促进高校信息化管理建设的有效落实。

（五）转变教学管理职能

教学管理信息化不仅涉及观念的更新、资金的投入、技术的变革和管理队伍水平的提高，而且还涉及教学管理组织结构、管理体制、运行机制的变革问题，需要把教务处从繁杂的日常事务性工作之中解放出来，建立一套与信息化相适应的教学管理体制。在传统教学管理体制下，以教务处为主的教学管理职能部门作为教学管理的指挥中心和管理中心，经常陷入繁杂的日常事务性工作之中，无暇顾及教学信息的建设，没有畅通的信息渠道，缺乏信息反馈机制。而教学基层单位缺乏教学管理的自主权和信息处理能力，始终处于被动地位，严重影响了教学管理信息化的实施与建设，以致教学管理效率低下。

高校应尽快实现日常办公自动化、教学管理科学化。通过教学管理体制改革，建立起以院系管理为主的教学管理体制，下放管理权，扩大院系办学和管理的自主权，利用网络召开视频会议、传递机关文件，尽可能地减少集中开会、公务旅行，提高对一线教学、科研信息的收集、处理能力，把领导和机关的精力集中到研究解决重大问题的决策上去，努力实现决策的民主化、科学化，拓宽广大教师、学生参与院校管理的渠道，利用校园网设置领导信息、留言板，通过电子邮件、联机交互交谈等方式，提高师生在管理中的参与度，使决策更加科学民主。

高校应成立教务中心、教学信息中心、学籍管理中心、教学质量评价中心等机构，出台相应的教学管理制度，加强信息反馈功能，提高对日常教学活动的信息监控和反应能力，实现信息管理的分流。通过教学管理体制的改革，可以实现教学管理职能的转变，教学管理职能部门从原来的全方位、全程式的计划管理转变到宏观调控和增强服务上来，从而使教学管理部门有更多的时间和精力从事教学管理信息化工作。

第七章　新时期高校学生管理工作的创新

创新是一个民族进步的灵魂，是国家兴旺发达的不竭动力。为了实现中华民族的伟大复兴和完成社会主义教育事业的历史任务，必须不断推进高校学生管理工作的创新。加强高校学生管理工作方面的探索和发展，有利于进一步提高高校教育的质量和效果，培养更多的高素质人才。本章分为高校学生管理工作理念的创新、高校学生管理工作模式的创新、高校毕业生就业指导工作的创新三部分，主要内容包括高校学生管理工作理念创新的意义、高校学生管理工作理念创新的实现途径等。

第一节　高校学生管理工作理念的创新

一、高校学生管理工作理念创新的意义

（一）高校教育创新的意义

创新是一个民族进步的灵魂，是国家兴旺发达的不竭动力。为了实现中华民族的伟大复兴和完成社会主义教育事业的历史任务，必须不断推进包括高校学生管理工作在内的教育创新。

1. 高校教育创新是时代发展的要求

当今世界，科学技术突飞猛进，知识经济已见端倪，国际竞争日趋激烈。人类社会发展到今天，相对于物质资源，人力资源成了第一资源；相对于人口数量，提高人的素质成了第一要务；在人的素质中，创新精神和实践能力是其重点。科学技术进步，越来越依赖于科技创新；知识经济发展，越来越依赖于知识创新；国际竞争，"说到底，是人才的竞争，是民族创新能力的竞争"。无论是科技创

新、知识创新，还是民族创新能力的提高，最关键的是人才。而人才的成长靠教育，其中高校教育是非常重要的阶段。高校可以说是培养高素质人才的重要基地，进行教育创新从而适应时代对人才的需求，这对高校而言具有非常重要的意义。

2. 高校教育创新是社会主义现代化建设的需要

目前，我国已经进入全面建设小康社会、加快推进社会主义现代化的新阶段。在新世纪新阶段，面对新形势、新任务新问题，最根本的，是坚持体制创新，大力推进经济体制政治体制和文化体制改革，逐步消除经济、政治和文化建设的体制性障碍，为经济、政治和文化发展注入新的活力。而体制的创新，取决于理论创新和人的创新精神和能力，最终取决于创新人才的培养。高校教育是知识创新、传播和应用的重要基地，也是培育创新精神和创新人才的重要摇篮。无论在培养高素质的专业人才方面，还是在提高创新能力和提供知识、技术创新成果方面，高校教育都具有独特的重要意义。高校承载着人才培养与输出的重大职责，只有不断推进教育创新，才能为我国的现代化建设提供更多的富有创新能力的人才。

3. 高校教育创新是高校教育发展规律的必然要求

党和政府高度重视教育工作，我国教育事业取得了举世瞩目的伟大成就，实现了历史性跨越。目前，我国高等教育的毛入学率已接近大众化水平，高等教育已迈入大众化阶段，高校管理体制和后勤社会化改革取得了突破性进展，教育质量和办学效益不断提高。这些都是高校教育改革创新的结果。但是，我国高校教育与发达国家水平相比还有较大差距，与社会主义现代化建设需要相比还有较大差距。我们的高等教育思想、教育体制和结构教育内容和方法与社会主义市场经济体制不相适应的矛盾和问题，正在日益暴露出来。这其中，既有不少过去从未遇到过的新问题，也有一些无法回避的深层次矛盾。解决这些问题和矛盾，没有资料可找，没有现成的经验和方法，根本的出路在于创新。

（二）高校学生管理工作理念创新的重要性

第一，创新学生管理理念是新形势下做好学生管理工作的首要条件和客观要求。随着改革开放的深入和市场经济的发展，学生对各种思想、文化的接受和选择有了更广阔的空间，社会上的各种思想和价值观念必然对当代大学生产生巨大的影响，给学生管理带来新的挑战。同时，我国大学教育的管理现状，还存在着许多不适应之处，突出表现在许多教育管理人员仍沿袭传统的单一模式和思维习惯，原有的以学校和教师为中心、忽视学生主体性的管理模式，使学生管理面临新的困境。

第二，创新学生管理理念是新形势下做好学生管理工作的逻辑起点和必要前提。当前的高等教育正由精英教育向大众化教育阶段跨越式发展，既要把学生视为接受教育的对象，又要把学生当作管理服务的主体；既要严格管理规范，又要重视教育引导；既不能一味追求意志统一，又要充分保障学生权益；既要强调集体观念和社会需要，又要趋向于人的个体需求与素质发展。因此，21世纪的高校学生管理首先必须对管理理念进行创新，并把这种理念创新当作高等教育大众化条件下学校管理工作的逻辑起点和必要前提。

第三，创新学生管理理念是新形势下做好学生管理工作的应有之义和关键所在。经济建设需要人才，而培养出的人才只有为社会所接纳并转化为生产力，才能发挥作用。时代变化激发理念变化，理念变化决定时代变化。没有先进的理念，工作就缺乏正确的导向。高校学生管理工作的现代化首先是管理理念的现代化。学生管理工作作为高校学生管理工作的重要组成部分，就要求冲破传统束缚和实践障碍，解决好工作中的"瓶颈"问题。因此，从某种意义上说，理念是管理的基础和先导，是管理的核心和精髓，是做好管理工作的关键所在。

二、高校学生管理工作理念创新的内容

在进行高校学生管理工作理念创新时，需要注意以下几个方面。

（一）应秉持以人为本的管理理念

高校学生管理工作的对象是大学生，只有公正、平等地对待每一个大学生，尊重和保护每一个大学生的权利，积极为大学生的发展创造有利的条件，高校学生管理工作才能取得良好的成效。此外，在开展高校学生管理工作时，要想取得良好的成效，必须切实关注学生的需求、属性、心理、情绪、信念、素质、价值等一系列与学生有关的问题。这就决定了不论是开展高校学生管理工作，还是进行高校学生管理工作理念创新，都必须坚持以人为本的管理理念。

1. 以人为本理念的含义

高校学生管理工作中的以人为本理念，就是"以学生为本"的理念，即在开展高校学生管理工作时，要切实以学生为出发点，充分尊重学生作为人的价值和尊严，以及学生的人格、个性、利益、需要、兴趣、爱好等，尽可能地调动学生的积极性、主动性和创造性，强化其在教育过程中的主体作用，最终促使其获得健康、全面的发展。

2. 以人为本理念的贯彻

坚持"以人为本"理念既是高校学生管理工作的内在要求，也是高校学生管理工作创新的灵魂和核心。因此，在开展高校学生管理工作时，必须真正贯彻"以人为本"理念。具体来说，可从以下几个方面着手来确保"以人为本"理念在高校学生管理工作中得到有效的贯彻。

（1）不断加深对学生的认识。在开展高校学生管理工作时，无论是确定工作计划和工作任务，还是选择工作的内容和工作的形式，都必须以对学生的本质认识为基础。任何一个大学生都有其自身具体、独特、不可替代的需求，而且不同大学生的需求在整个大学生群体中又都不是孤立存在的，它们之间是相互联系和作用的。就高校学生管理而言，学生对自身所处管理环境的感受，对自己在学校中的地位，对学习、恋爱、人际关系、就业等个人发展需要得以满足的程度，都是影响管理效果的重要因素。离开了对这些因素的认识、洞察和把握，高校学生管理就成了无源之水、无本之木。因此，在开展高校学生管理工作时，要不断加深对学生的认识，全面考虑学生的个体情况，重视学生需要在管理中的地位和作用，主动关心和爱护学生，及时为学生提供指导与帮助，以便学生在高校学生管理工作中能够发挥充分的作用。

（2）要充分尊重和信任学生。坚持"以人为本"理念，其核心便是管理者对人的尊重和信任。因此，在高校学生管理工作中贯彻"以人为本"的理念时，要切实尊重和信任学生。具体来说，就是要充分尊重学生的人格、自由、权利，尊重学生的独立性和创造性，要积极地、有意识地鼓励和引导学生自己去摸索，让学生学会学习。由此可以知道，在高校学生管理中尊重和信任学生，并不意味着完全不管学生，而是要以一种更积极、认真的态度，把参与管理变为学生自身的一种需求，充分相信学生的自我管理能力、自律能力和相互协调能力，以激发学生学习和生活的热情，在尊重、信任学生的基础上体现严格要求。

（3）要重视培养和激励学生。提高学生的综合素质可以说是开展学生管理工作时最为重要的一项任务，而要提高学生的综合素质，必须充分发挥教育和社会实践的作用。通过教育，不断提高学生的思想道德素质、科学文化素质和健康素质是管理工作的主要任务。因此，全面提高学生的素质，对学生不断进行培养和教育就成为高校学生管理活动的一项重要内容。此外，在开展高校学生管理活动的过程中，只有灵活多样地运用各种适当的激励方式来引导学生充分参与到学生管理活动之中，才能促使学生管理工作取得良好的成效。

（4）要积极营造以人为本的校园文化环境。学生的发展及才能的养成，是遗传、教育、环境共同作用的结果。其不仅受他们所处环境的影响，也在不断地改变环境。因此，在开展高校学生管理工作时，必须积极营造以人为本的校园文化环境。

这里所说的校园文化环境，就是与校园文化的形成与发展密切相关的外部条件，涉及物质环境与精神环境两个方面。其中，物质环境就是校园中以布局成型的姿态出现的物质环境，如建筑物的布局，室外的绿化、美化，室内的整洁、美观、大方等；精神环境主要是学校的传统习俗，校风、学风、人际关系、心理氛围、文化品位及活动构成的气氛等。其中，学风的营造是极为重要的。坚持"以人为本"，就要求高校必须把学风建设作为学生工作的切入点。

学生的根本任务是成长和发展，成长和发展的重点是学习，尤其是专业知识的学习。学生工作为学生的成长和发展服务就是要创造良好的学习环境，学风建设是创造这种环境的重要内容，抓学风建设是学生工作体现"以人为本"的切入点和着眼点，以此可以防止把学生工作与教学工作等其他工作相割裂的现象，避免出现"两张皮"的局面，切实有效地服从和服务于学校的中心工作。

（5）要强化对学生的指导和服务。在开展高校学生管理工作时，只有不断强化对学生的指导和服务，才能满足学生多样化的需求。因此，强化对学生的指导和服务也是高校在开展学生管理工作时贯彻"以人为本"理念的一个重要举措。

（6）要积极推进全员育人局面的形成。积极推进全员育人局面的形成，也是高校在开展学生管理工作时有效贯彻"以人为本"理念的一个重要举措，具体涉及以下几个方面的内容。

第一，要充分认识到在教学科研并重型大学里学生工作与教学工作、科研工作、后勤工作的关系，学生工作不是一项孤立的工作，而是与三者紧密联系在一起的。教学、科研和后勤工作中都有育人的任务，要继续强调"教书育人、管理育人、服务育人"，调动全校教职员工的育人积极性。

第二，要实行系（部）主任负责制，系（部）主任要对所在系的工作负全面责任，其中很重要的一个方面就是对学生工作负责，既要关心学生工作，更要直接参与学生工作。

第三，高校中专职学生工作的人员必须要在全员育人的环境下做更多更扎实的工作，发挥更大的作用，并且要带动广大学生实现自我教育、自我管理和自我服务。

第四，要注意在条件成熟时，将学校育人与社会育人、家庭育人更紧密地结合起来，以便形成更为广泛的全员育人局面。

（二）应秉持契约理念

1. 引入契约理念的必要性

在我国，随着高等教育大众化时代的来临，传统的凭借高校权威实施学生管理的模式，已不适应我国高等教育的发展。高等教育收费制度以及现代民主法制社会的建立，使高校与学生的关系发生了质的变化。学生开始缴费上学，虽然学生所交纳的学费并不足以抵销生均培养成本，但这已使高等学校与学生的关系由过去单一的纵向行政关系转变为包括花钱购买教育服务的消费关系在内的多重法律关系。

学生的权利被强调和重视，学生已成为教育法律关系中独立的重要主体，这些都要求高校对学生的管理方式也应发生相应的变革。基于高校与学生法律关系在性质上的变化，契约式管理也应采取不同的形式，并严格遵守不同形式契约的原则。在校方提供教育服务和生活服务的过程中，高校与学生之间存在平等的民事法律关系。

另外，学校的内部事务管理不能侵犯学生的财产或人身权利，等等。学生身份的消费者性质，要求高校，特别是公立高校，作为教育公共部门，要提供相应的公共服务及其物质条件，其中包括承诺的教育水准、充分的校园安全、足够的教学设备、良好的学习与生活条件等。在高校提供的生活服务领域，高校不应以管理者的姿态侵犯学生作为消费者的权利。

高校和学生之间的民事服务关系，是一种平等的民事契约关系。学生享有完全的自由、平等权利，有权要求学校提供高质量的服务。例如，高校在收取学生缴纳的诸如学费、住宿、生活用品、网络服务、餐饮等方面的费用后，有义务按承诺提供相应的产品与服务。高校在特定范围内，特别是在确立、变更、终止民事权利与义务关系的领域，如高校提供住宿学生交纳费用，学生提供一定劳务，学校支付一定劳务费等，通过高校或高校职能部门与学生之间订立民事契约，达成一定目标，已成为世界各国普遍采纳的方式。

从同为民事主体的角度来看，学校和学生之间应该是一种平等的关系，双方都既有权利又有义务。学校在拥有对学生的管理权的同时，学生也拥有维护自己权益的权利。学校不再拥有绝对的权威，学生也不再是完全的被管理者，二者之间具有平等的地位。

高校与学生行政契约关系的建立，使学生可以真正参与到高校事务中来，体现学生的主体地位，不仅可以减少潜在冲突的发生，而且可以改善高校与学生的关系，建立彼此合作、相互依赖，相互尊重、平等对话的良性互动关系和双方主体间的伙伴关系。契约的应用与缔结，使高校与学生在契约的维持下保持持续、稳定的协作关系，有利于维护学校秩序的稳固。

2. 契约理念的基本要求

高校与学生之间契约的本质，既是高校用来维护教育教学秩序的手段，又是学生对高校权力进行限制的方式，这对高校以及高校学生管理工作者提出了新的要求，具体如下。

（1）要求高校平等对待学生。把契约的平等精神引入教育行政领域，让学生在与学校具有平等地位的前提下商议教育行政目标的达成，使教育行政减少不平等与特权性的因素。契约的基础是双方主体地位平等、协商一致，契约的形成过程是民主的过程，契约充分体现了民主的本质与特性。现代行政本质上以民主宪政为基础，强调公民权利、人格尊严、社会公正与社会责任，重视公民的参与，充分体现了契约的精神。现代教育行政在法律授权的前提下，具有裁量性、能动性，在学生管理中引入契约理念，不仅与依法行政具有相容性，而且可以凭借契约手段灵活应对学生管理中出现的复杂、动态和难以预见的问题。

（2）要求高校尊重学生意志。把契约的自治精神引入教育行政，使学生有选择的权利，进行商议的过程也是其利益权衡的过程，选择是契约精神中的应有之义。通过选择建立沟通渠道，这也是行政契约最突出的优点和功能。而一般行政行为缺乏沟通功能。契约作为一种制度、观念、方法，已在行政运行秩序中得以建立、吸收和广泛应用。在行政法学中，我国学者对契约能否在行政权力行使过程中予以运用或许会有不同看法，但对行政契约的存在、行政契约的特征以及行政契约的基本类型等问题的观点则大体一致。因此，考虑到教育行政的民主参与、教育行政方式的多样化和教育行政的目的等因素，应允许在高校学生管理中"讨价还价"和"议价行政"。

（3）要求高校重视学生的权利。在行政契约中同样有相对人——学生的权利。通过行政契约使高校更加尊重学生权利，同时通过学生权利的实现来制约高校的权力。考虑到高校权力制约的需要以及高校与学生之间的行政契约关系的特殊性，在高校与学生之间行政契约的缔结过程中，应有以下几个方面的限制。

第一，职权限制。高校必须在法律赋予的职权范围内缔结行政契约，不得越权行政。

第二，法律限制。高校缔结行政契约不得与法律法规的规定相抵触。

第三，内容限制。行政契约的目标是实现公共利益，因而行政契约的内容不得违反社会公益。

由于高校在行政契约的缔结中处于优势地位，可能会导致实践中滥用职权、违法操作的情形，如高校的行政契约与其行政命令同构化，强制与学生缔结行政契约，违反应有的合意；高校滥用选择权，"暗箱操作"，损害学生利益或国家利益。因此，必须限制行政契约的内容和目的。

在高校学生管理中强调契约精神，重视契约观念、契约手段以及契约制度，并不意味着完全以契约取代权力。高校的学生管理权力在教育法中仍然存在并发挥着应有的作用。由于契约意味着人性尊严、平等诚信、公正责任等，因而契约在高校学生管理中的引入，可以增强学校与学生的协作，提高学校教育服务的水准。

（三）应秉持开放的管理理念

开放的中国需要开放的高等教育，而开放的高校学生管理工作是开放高等教育的一个重要组成部分。因此，在进行高校学生管理工作理念创新时，要注意开放管理理念的融合与运用。

1.贯彻开放管理理念的重要性

在高校学生管理工作中贯彻开放的管理理念有着十分重要的意义，具体表现在以下几个方面。

（1）开放理念是加强和改进高校学生管理工作的本质要求。在高等教育的发展过程中，必须处理好教育的规范性与开放性相结合的问题。教育的规范性是通过制度、传统、习惯、氛围等环节来体现，而教育的开放性则表现为教师与学生、学校与社会、有形教育与无形教育的互动，实现的途径就是以开放的理念推进学生教育管理开放，使高等教育成为终身教育体系的一个重要环节，成为学习型社会建构中的一个重要园地，成为与家庭教育、自我教育、社会教育相贯通的一个重要枢纽，成为学生社会化过程中的一个重要阶段。因此，要想开展好高校学生管理工作，必须要坚持开放理念。

（2）开放理念是加强和改进高校学生管理工作的原动力。在高校学生管理工作中坚持开放的管理理念，可以使高校学生管理工作的视野由窄变宽、动力由小变大、要求由低变高、措施由软变硬、导向由虚变实等。如此一来，高校学生管理工作便能实现"三力"合一，即国家的意志力、学校的执行力、学生的内驱力在具体工作理念层面实现有机统一，使学校的发展目标与国家的战略需求相同步，学校的教育教学要求与学校发展目标相协调，学生的教育管理举措与学校的教育要求相匹配，学生的内在需求与学生教育管理的举措相一致。

（3）开放理念是加强和改进高校学生管理工作的重要保证。在高校学生管理工作中坚持开放的管理理念，可以使高校学生管理者用开放的理念统揽全局，用开放的心态包容多样，用开放的举措推动工作，继而为学生发展创造良好的环境，切实促进高校学生管理工作不断取得成就。

2. 贯彻开放管理理念的举措

在高校学生管理工作中，要切实贯彻开放的管理理念，可以采取以下两个有效的举措。

（1）要牢牢把握高校学生管理工作开放的方向性。牢牢把握高校学生管理工作开放的方向性，对于高校学生管理工作中开放管理理念的贯彻有着重要的指导性作用。而要牢牢把握高校学生管理工作开放的方向性，需从以下几个方面着手。

第一，在开展高校学生管理工作时，要坚持用邓小平理论、"三个代表"重要思想、科学发展观和习近平新时代中国特色社会主义思想等马克思主义中国化的最新成果武装学生头脑、指导学生实践、推动学生工作，牢牢把握学生教育管理的指导权、主动权、话语权。

第二，在开展高校学生管理工作时，要牢固树立中国特色社会主义的共同理想，引导学生自觉在党的领导下，走中国特色社会主义道路，为建设民主、富强、文明、和谐的社会主义国家而勤奋学习，建功立业。

第三，在开展高校学生管理工作时，要大力弘扬民族精神和时代精神，以促使大学生始终保持昂扬向上的精神状态。

第四，在开展高校学生管理工作时，要积极促进社会主义道德体系在大学生的心中扎根。

（2）要注意增强高校学生管理工作开放的针对性。增强高校学生管理工作开放的针对性指的是在开展高校学生管理工作时，要切实从学生最关心、最直接、最需要、最现实的问题入手，具体内容如下。

第一，要引导学生学会学习，变"学会"为"会学"。更新学习观念，变革学习方式，创新学习手段，提高学习效率。

第二，要引导学生学会自强，变"助我"为"我助"。进一步落实助学贷款，设立助学奖学金，建立与就业相结合的奖学金制度，组织好学生勤工俭学。

第三，要引导学生学会创业，变"就业"为"创业"。把培养学生的创新精神、创业本领、实践能力放在重要位置，改革教学内容和课程体系。完善鼓励和支持高校毕业生创业的制度和措施，提供创业的优惠条件，加强对创业活动的指导和管理。

第四，要引导学生加强心理健康知识普及教育，通过宣传倡导、教育引导、活动推导、家长督导等途径，做好心理健康教育工作。加强危机干预，消除潜在隐患。

（四）应秉持以创新为核心的管理理念

这是解决高校学生管理工作培养什么人的问题。随着知识经济信息社会的到来，创造力将成为社会经济进步的主要动力，成为关系市场竞争成败的决定性力量，那种"唯文凭、唯分数、唯专业"传统的人才观已不合时宜。教育工作的重点应放在提高受教育者的创造力方面，通过在教育过程中对创造力的发掘、训练、强化、激发受教育者的创造热情和创造才能，积极培养适应时代要求的创新人才。21世纪的人才应是能够适应新技术革命的挑战，能够参与全球性竞争与合作，能够主动适应、积极推进甚至引导一系列社会变革的创新人才。

（五）应秉持创新的管理体制理念

这是解决高校学生管理工作体制的理念问题。高效的工作体制可以促发主体的工作热情、兴趣，使主体在工作中不断产生自我满足感和成就感，从而成为主体不断产生工作主动性、自觉性、创造性的不竭动力；也可使整个工作群体形成团队意识、协作精神。传统的高校学生管理工作体制存在以下缺陷：①体制重心的错位，造成协调服务部门忙于应付具体事物性的工作，而无暇对整个学生管理工作进行协调与把握；②体制基层的虚位，学生工作基层组织的积极性没有充分发挥出来，使得整个学生工作缺少活力和创造力；③体制整体创造力的空位，造成领导机构、协调部门、基层组织的脱节。

高校学生管理工作必须要适应培养高素质创新人才的需求，进行体制理念的创新，其中应注意3个方面：①体制的互动性，有利于上层和基层相互激发工作活力与创造力；②体制的结构层次性，有利于工作环环相扣，层层递进；③体制的整合性，有利于局部服务于整体，全局指导、协调局部，发挥整个体制的凝聚力和资源整合力。

具体来说，就是要形成"上"有"决策层"，总揽高校学生管理工作全局，把握带基础性、全局性、前瞻性的大问题，坚持社会主义办学方向和育人原则；

"中"要有"协调层和监控层"，对学校总体学生工作进行具体指导，协调和监控；"下"要有"责任层和落实层"，充分发挥基层组织的积极性，实行工作重心的下移，推行目标管理、量化考核的评价制度，建立竞争机制。这样整个工作网络就会形成一个动态、灵活、高效的"金字塔"形体系。

高校学生管理工作是一个系统工程，其不仅仅是某个部门的职责所在，学校应树立"全员育人"的教育理念，形成"人人皆教育之人，处处皆教育之地""教学育人、科研育人、管理育人、服务育人"的一个工作大格局。

（六）应秉持运用现代科技的管理理念

这是解决新形势下拓展工作领域的问题。网络技术的发展给传统的高校学生管理工作带来了新的挑战，同时也为学生工作提供了现代化手段，拓展了新的空间和途径。新形势下学生工作要转换教育观念，树立信息资源意识，主动超前介入网络教育平台，这是把握高校学生管理工作制高点的有效途径。网络的交互性、虚拟性、平等性、开放性等特点使学生教育管理工作也呈现新的特点，如教育和管理方式的隐形化、个体化、咨询化和平等化等。学生管理工作进网络还是一个尚待深入研究的新课题，这不仅是学生工作某个方面或某个层次的创新问题，而且是互联网时代条件下高校学生管理工作的全面创新问题。其中至少应把握3个要义：①要找准学生管理工作进网络的立足点，用正确、积极、健康、科学的思想文化信息占领网络阵地，提高学生"接受正确、有益的信息，抛弃错误、有害的信息"的能力；②探究学生管理工作进网络的切入点，采取与大学生心理需求、生理特征及成长规律相适应的生动活泼、喜闻乐见的形式和内容；③要把握学生管理工作进网络的融合点，"进"不是简单将学生管理工作的内容放在网上，也不是单一地把它作为技术性质的信息交换系统，而是要从本质上实现学生管理工作与网络的融合，达到内容和形式、科技与人文的有机融合，充分发挥网络在学生管理工作运用中的服务功能、教化功能、引导功能和管理功能，趋利避害，规范网络道德，形成积极、健康、科学的网络文化。

（七）要坚持系统化的管理理念

高校学生管理工作涉及的内容、人员等都很多，这就决定了高校学生管理工作是一项系统性的工作。因此，在进行高校学生管理工作理念创新时，必须要重视系统化管理理念的运用。具体来说，高校学生管理工作中要有效贯彻这一管理理念应切实从以下几个方面着手。

第一，高校要切实从整体上构建学生管理的系统模型和综合模块，把学生管理工作作为一个集学习机制、竞争机制、奖惩机制、决策机制、评估机制和反馈机制于一体的动态过程。

第二，高校要引导全校教职员工认识到学生管理工作不仅仅是学生管理者的责任，自己也必须承担起管理学生的责任。也就是说，高校必须始终坚持依靠广大教职工、学生政工干部和全体学生积极参与的全员管理。

第三，高校要注意针对不同年级学生的不同特点和不同学生的不同特点，将学生管理工作贯穿于学生成长成才的全过程。

（八）要坚持精细化的管理理念

高校学生管理工作是一项极为繁杂、琐细的工作，因此在进行高校学生管理工作理念创新时，必须要重视精细化管理理念的运用。这里所说的"精细化管理"，是指必须将管理覆盖到每一个过程，控制到每一个环节，规范到每一个步骤，具体到每一个动作，落实到每一个人员。而在高校学生管理工作中要想有效贯彻这一管理理念，应切实从以下几个方面着手。

第一，科学。科学指的是高校学生管理要善于运用现代管理方法和信息手段，积极探索和掌握学生管理工作的客观规律。

第二，规范。规范指的是高校学生管理要严格管理规章和工作程序，坚持制度面前人人平等。

第三，明确。明确指的是高校学生管理要落实管理责任，将管理责任具体化、明晰化，确保管理的过程条理清楚、层次清晰。

第四，到位。到位指的是在高校学生管理过程中，每一个环节必须考虑到，不忽视微小的管理漏洞。

第五，深入。深入指的是要把高校学生管理工作做得具体、做得扎实，追求一种精益求精的境界，使学校的管理水平迈上一个新的台阶。

（九）要坚持自主化的管理理念

在进行高校学生管理工作理念创新时，要注意自主化管理理念的融合与运用。这里所说的自主化管理，是指在开展高校学生管理工作时，高校学生管理者要积极与专业教师相配合，引导学生进行自我教育、自我管理、自我服务和自我发展。具体来说，应切实从以下几个方面着手。

第一，在开展高校学生管理工作时，要切实关注学生的发展，积极营造一种宽松和谐的民主气氛，调动学生的主动性、积极性和创造性，培养学生的创新精神和实践能力。

第二，在开展高校学生管理工作时，要充分发挥学生团组织、社团组织和学生党支部的作用，丰富课余生活，拓宽知识面，增长才干，陶冶情操，培养特色鲜明的校园文化精神。

第三，在开展高校学生管理工作时，要充分发挥学生干部和学生党员的先锋模范作用，让他们自觉地加入学生的管理工作中来，成为重大问题的参与者、决策者，在参与管理的实践中尝试管理，学会管理，懂得管理。

第四，在开展高校学生管理工作时，要充分发挥学生的主人翁精神，突出学生的教育主体意识，实现学生干部队伍自我管理的制度化。

（十）要坚持教育服务的管理理念

现代教育以促进人的现代化和主体的全面发展为中心，基于此，现代教育倡导"教育是一种服务"的教育管理理念。它强调教育者（教师）以满足受教育者（学生）个性发展，为受教育者创造全面发展和主体生成的情境和条件。由于高校教育是现代教育的一个重要组成部分，因此在开展高校学生管理、创新高校学生管理理念时，必须要注意融入教育服务理念。事实上，在高校学生管理工作中融入教育服务理念有着十分重要的意义，具体表现在以下几个方面。

第一，教育服务理念能够为高校学生管理工作提供内部驱动力。在高校学生管理工作中融入教育服务理念，可以促使高校学生管理者树立责任意识、市场意识和竞争意识，促使他们关注社会与受教育者的个人教育服务需求，推动高校自觉、自主地进行改革，把握市场动向，完善服务体系，增强效益意识，提高服务质量。来自管理者自己对这种改革的需求和认同是改革高校学生管理最主要的动力。可以说，没有管理者对这种改革的深刻理解，没有管理者对学生管理的热情参与，没有管理者对学生管理的积极投入，转变学生管理理念就会十分困难。因此，要求高校学生管理者树立教育服务管理理念，一个重要的目的就是希望他们能够从根本上认识到传统管理的问题所在。服务理念首先是将服务对象当成自己一切服务工作的对象和焦点，将学生满意度作为衡量管理业绩的重要指标，在客观上会迫使高校学生管理者去反思原来的管理理念并努力去接受新的理念。如此一来，高校学生管理工作便能不断取得良好的成效。

第二，教育服务理念能够引导高校学生管理者树立更为恰当的目标。在高校学生管理工作中融入教育服务理念，可以促使高校学生管理者切实意识到高等教育服务的生产者是教育工作者，他们通过消耗智力和体力，而生产出适合不同教育对象需求的，具有多方面性能的教育服务，而学生则是高等教育的消费者。这种理念为高校学生管理实践提出了新的目标，即在高校学生管理中应以学生为本，尽量满足学生（作为消费者）的需要。

第三，教育服务理念能够促进高校学生管理者建立良好的师生关系。在高校学生管理工作中融入教育服务理念，可以促使高校学生管理者重新审视师生之间的关系，继而促进平等、和谐的新型师生关系的建立。为此，高校学生管理者必须树立服务理念，切实尊重学生，并从提高服务质量、保证消费者满意的角度出发来开展工作，鼓励学生积极与教师进行交流。

第二节　高校学生管理工作模式的创新

一、我国传统高校学生管理工作模式的反思

我国传统高校学生管理工作模式是利用行政方法进行管理，它强调按照权威性的法律、法规和既定的规范程序实行管理。这种管理工作模式具有集中统一、有章可循的特点，可以避免各行其是、任意行事。它在我国教育发展史上起过非常积极的作用。但随着时代的发展，这种管理工作模式逐渐产生了一些不容忽视的问题，主要表现为以下几个方面。

第一，对学生自我约束的引导不足。一直以来，高校管理的实践工作中都强调高校学生管理包括管理学生和服务学生两大方面。但在具体操作上，我们更多的时候仅仅强调了管理，管住学生成了学生管理工作的原则，而为学生做好服务往往流于形式或不尽如人意。目前，多数高校学生管理工作的重心是用严格的校纪校规来规范、约束学生的行为，却忽略了启发、引导学生的自我管理意识和自我约束能力。在这种管理方式下，学生缺乏参与管理的积极性和自我管理的主动性。

第二，对学生自我发展的束缚。传统的学生管理力求做到整齐划一，在一定程度上体现出唯分数论的思想倾向，对学生的评价、鉴定、奖励、就业推荐等一般以学生平均状况为基准，按每个学生的相对成绩表现划分等级。这种评价会给学生这样一个意识：考试分数高的同学就是能力强的学生，考试分数高就会有好前途和更多的发展机会。这种重统一、轻个性的模式化管理目标，显然不利于学生主体结构的充分发展。

二、新时期高校学生管理工作模式的探索与创新

从新中国成立初期到 1988 年，我国高等教育一直都是"免费的午餐"。1989 年以后，国家开始对高等教育实行收费，虽然只是象征性地每年收取 200 元，却是高等教育收费改革迈出的第一步；至 1996 年，我国高等教育试行并轨招生，每年学费达到 2 000 元；1997 年以后，高校学费一路攀升至 3 000 元、6 000 元甚至上万元。高等教育收费改革踏踏实实地走完了三部曲（免费、低收费、全面收费）。与此相对应，自 1997 起，实行了几十年的高校毕业生由国家按计划统一分配工作的制度取消了，数百万高校毕业生自谋职业，真正成了劳动力市场的一个组成部分。

20 世纪末、21 世纪初，全国高校扩招的结果直接导致各高校内部自有学生宿舍、教室以及其他相关教学设施甚至教学师资已不能满足学生的需要，于是相应地出现了高校后勤服务社会化、教师聘用契约化等完全市场化的教学管理行为，学校与学生之间的关系更是不同于传统的关系。

（一）高校学生管理模式的探索

当前，许多高校在本科教育中采用了按大类招生的培养模式，即在高考录取时不分专业，按大类进行招生，学生进校后经过一定时间的基础课程学习后，再根据自身条件和社会需求选择专业。这样可以使专业选择更贴近学生志愿，更能反映社会需求趋向。由于这种模式与目前高校实行的学分制改革紧密联系，在人才培养上具有一定的灵活性，符合当今高等教育教学改革的大趋势，因而被越来越多的高校所采用。当前高校学生管理工作模式主要有以下几种。

第一，专业班级管理制。所谓专业班级管理制，就是在学生分专业后（一般在大二），取消原有的班级设置，将同专业的学生编制成相应的班级进行管理的体系。由于班级中所有的同学都属于相同的专业，因而大多数同学上课的时间、地点较为一致，方便班主任对每个学生进行有效的管理，同时还弥补了传统班级管理制中同学间学习交流不够与老师不能有效指导学生学习的弊病。

第二，辅导员制与学长制。高校辅导员主要是对学生的思想进行辅导和指引，使学生树立正确的世界观、人生观。一般来说，辅导员既管思想政治工作，也进行一定的专业指导，但偏重于思想政治工作。与班主任、导师是有所区别的，可以说辅导员制是对学生思想工作的一种有效的补充。学长制则是一种在国际上普遍推行的一种学生自主管理模式。通过高年级的学生以平等、博爱的精神和自己在专业学科学习中的切身体会、亲身经验与新生进行交流，实现良性互动。

第三，复合型管理工作模式。单单使用以往任何一种学生管理制度已经无法适应时代的要求。有学者认为，采用复合型管理模式可以较好地适应现今高校对学生管理的要求。这种复合型管理模式是以传统班级管理制为基础，采用辅导员制与学长制为补充，同时在不同的阶段适时地辅以导师制，以此强化对学生的管理。采用这种复合型管理工作模式，可以发挥各种制度在管理学生方面的优点，同时，尽可能有效地利用教学资源，实现教学资源效用的最大化。

（二）高校学生管理模式的创新

21 世纪是知识经济的时代，也是竞争的时代，所有的竞争都归结于人才的竞争，人及其知识能力真正成为社会运作的主体和核心，成为全社会的第一资本和创造生产力的第一资源。因此，培养和造就具有创新能力、竞争能力等各种素质综合发展的人才，成为现代高校的教育目标和责任。这就要求学生管理者必须树立"以学生为本"的观念，增强服务意识，把学生放在一个重要的位置上，做好管理育人工作。

师生之间的关系不应是等级森严的上下级关系，应该是平等、互尊互敬的关系。只有这样，才能发挥学生的主体性作用。主体性德育是主体教育思想在德育领域中的具体化，是指在德育活动过程中要充分尊重、确立学生的主体地位，发展学生的道德主体意识、主体精神和主体能力，以促进学生主体人格的形成。它要求教育者按照社会道德规范要求和个体道德发展要求，让学生学会自主地进行道德选择，成为全面发展的人。

随着全球一体化的趋势日益加强，社会主义市场经济的进一步深入，高校学生管理工作必将面临更多的问题和挑战，这就要求高校既要坚持与时俱进的管理理念，又要把握机遇，勇于迎接挑战，同时也要求高校牢固树立"以人为本""以学生为本"的管理理念，解放思想、实事求是地解决高校学生管理工作中存在的问题，为社会主义现代化建设培养更多更好的人才。

第三节　高校毕业生就业指导工作的创新

一、高校就业指导工作的现状

高校的就业指导工作对于实现人才培养目标和满足社会需要起着重要的桥梁和纽带作用。然而，由于历史和观念等方面的原因，当前我国高校的就业指导工作尚不尽如人意，距离当前我国经济社会发展的客观需要有较大差距，难以满足青年学生成才和发展的需要。因此，客观认识我国高校就业指导工作的地位和作用，剖析当前存在的问题，对于提高和改进高校就业指导工作具有重要意义。

随着我国高等教育招生规模的逐步扩大，社会大众对高等教育的期望将会越来越高，在家庭对于高等教育投资不断增大的同时，社会大众普遍关心高等教育能否有合理的投资回报和投资效益。因而接受高等教育培养的大学生能否顺利就业，不仅关系到大学生自身的成长和发展，也关系到我国高等教育的形象和地位，还关系到社会大众投资高等教育的积极性，并进而影响我国高等教育"大众化"战略目标能否顺利实现。而就业指导则是实现教育的投入与效益产出之间的桥梁，是实现教育回报的前提条件。随着我国高等教育改革的逐步深入，高校毕业生就业率将成为衡量一个高校办学质量好坏的重要标志。高校毕业生就业的好坏、就业率的高低，不仅直接影响一个高校的招生形势和生源质量，从长远来看，也关系到一个高校的生存与发展，因而高校就业指导工作的重要性日益突出。

高校大学生就业工作是一项系统工程，需要社会、学校、毕业生和家长等多方面的协同配合。目前，我国大学生就业指导工作尚处于起步和探索阶段，在高校招生制度和毕业生就业制度改革的推动下，高校积极开展就业指导讲座、举办校园招聘会等，但总体上就业指导工作还比较薄弱，在学校教育中所占比重偏小，尚未将就业指导工作贯穿于高等教育的全过程。

目前，我国大多数高校的就业指导工作主要是围绕当年的毕业生就业工作而展开的，开展就业指导的时间基本上限于毕业生"双选"期间，就业指导的内容也仅停留在对就业形势的一般介绍和就业政策、规定的诠释。由于缺乏对就业指导工作的全局考虑和总体安排，就业指导工作功能单一，内容狭窄，在对大学生就业观念和价值取向的引导、职业判断和选择能力的培养以及职业道德教育等方面着力较少，难以适应当前就业形势的要求。在就业指导的方法和手段上，普遍存在着手段陈旧、方法单一的情况。目前，高校就业指导工作较为常见的方法是通过大会"灌输"，即召开"毕业生就业动员会"和"就业形势报告会"，而缺乏针对学生个体特点的专门咨询和有效指导。同时由于缺乏对地方经济发展和人才需求变化趋势的了解，加之高校就业部门尚未实现从"等米下锅"到"找米下锅"的信息搜集方式的转变，信息来源分散致使就业指导工作缺乏有效性和针对性。许多高校没有针对就业指导工作的全局考虑和总体安排，开展就业指导的随意性大、内容空洞、方法单一，仅停留在讲解就业政策、分析就业形势、传授择业技巧和收集需求信息等方面，关于学生个性的塑造、潜能的开发、创业创新能力的培养、就业观念和价值取向的引导、职业生涯的规划等方面的内容较少。在就业指导的机构建设和队伍建设方面，存在着就业指导队伍建设薄弱的问题，人员素质有待提高。尽管目前我国大多数高校都设立了帮助毕业生寻找工作的机构，但这些机构很难代替就业指导的职能。事实上，目前高校毕业生工作机构由于忙于应付大量的与就业有关的事务性工作，难以有固定时间和精力来开展针对性的就业指导工作。就业指导工作是一项专业性很强的工作，从事此项工作的教师需要掌握就业政策、就业指导、职业生涯规划、心理学、教育学、人力资源开发与管理、法律等多方面的知识。目前，大多数高校从事就业指导工作的人员多为党政干部，且他们常常从事学生工作兼毕业生就业指导工作，全校专职从事就业指导工作的人员一般较少；同时，很多高校的就业指导人员又缺乏完整的、系统的培训，个人素质和工作能力参差不齐。

二、新时期高校毕业生就业指导工作的创新

（一）提高就业指导工作人员信息化能力

各个高校对大数据的整理分析是一项重要的工作，大数据平台的管理人员要有一定的专业文化素养。因此，各个学校要培养一些就业信息化的人才，开设专业的技术讲座，进行主题培训，将数理统计和计算机的应用进行融合，培养全方位的任职人员，能够有效地挖掘数据并且利用大数据手段处理解决问题，确保这些任职人员具有大数据分析能力，有专业的大数据专职队伍，满足对数据统计分析的需要。同时就职人员要有自主学习和创新发展的意识，能够将就业知识和数据思维进行联系，不断地学习和锻炼，增强工作的时效性，提高对数据的敏感性，更好地为学生的就业做好服务工作。

学校可以对大数据平台进行调查问卷的设计，调查问卷的设计要考虑其操作的便捷性、创新性，可以利用网站平台或者是问卷星设计，通过微信扫码快速完成问卷的答题工作，但是要保证数据收集的真实性和可靠性。

在大数据视域下，学校要根据大学生的实际情况，实现大学生就业的精准服务。高等院校要通过对数据的搜集、整理、分析等一系列的过程建立本校大学生就业情况的数据分析平台。由于现在的大学生实习就业情况不是很稳定，很多大学生过了实习期之后感觉不满意就开始跳槽，这就需要工作人员能够从相关数据中发现问题所在，通过对比分析，及时掌握学生发展的第一手资料，有针对性、有目的地对大学生进行就业指导。通过利用大数据平台对往届毕业生就业情况分

析，找出不同专业的就业趋势以及比较热门的一些专业，同时从就业人员的数据中客观地分析出目前的就业质量情况，发现问题存在的关键，制定相对应的改进方案，进而提高就业管理水平，方便各个管理人员做出正确、客观的评判和决策。

近几年，即将毕业的大学生受到新冠疫情影响，在就业的过程中遇到了一些困难。现在身处大数据时代，大学生可以通过手机等移动设备掌握就业信息。同时，高校通过大数据分析，能够对大学生的就业情况做一个客观、真实的分析，对即将毕业的大学生做一些就业方面的指导，帮助毕业生们找到理想的工作，能够有效缓解目前存在的就业问题。

（二）加强高校学生就业指导队伍的建设

第一，高校应充分认识大学生就业工作的重要性，成立专门的就业指导服务机构，帮助毕业生解决实际困难。高校要认真落实教育部颁发的关于高校就业指导工作的各项规定，充分认识大学生就业工作的重要性，为就业指导工作提供组织保证。

各高校应成立由学校主要领导挂帅、集教育管理和服务职能于一体的、独立的就业指导服务机构，形成一个学校领导重视、主管部门支持、各个院（系）积极配合的就业工作新局面，最终促进毕业生就业指导与服务工作的制度化、规范化、科学化。

目前，许多高校的毕业生就业指导部门都缺乏独立性，一般从属于学生处（部），就业指导工作只是学生工作中的一个方面。因此，建议高校的毕业生就业指导工作应从一般的学生工作中独立出来，成立独立的就业指导中心，这一方面可以突出就业工作的重要性，另一方面也有利于理顺各种关系，促进就业指导工作的顺利开展。

第二，高校在加强就业指导队伍职业化、专业化建设的同时，应考虑对学生就业指导者在某些方面有所倾斜，使他们能安心工作。加强就业指导队伍建设是做好就业指导工作的关键，拥有高素质的就业指导队伍是开展高水平就业指导工作的人才保障。各高校应该按照教育部的相关规定，配备具有专业水准的就业指导服务人员，提高就业指导教师队伍的整体水平，建设一支具有开拓创新精神、较强的事业心和责任感、高尚的思想品质和职业道德的就业指导队伍。

同时，他们还应该掌握与就业指导相关的心理学、教育学、社会学、法律等学科的基本理论与方法，熟知有关大学生就业政策、就业管理业务和就业教育方法，从而真正地为大学生就业服务。为推动就业工作队伍向职业化、专业化方向发展，学校应从多方面努力，制订就业指导队伍的培养和教育计划。

通过各种形式对现有的就业指导人员进行培训，为现有就业指导教师的学习与深造提供条件，合理安排他们的工作和进修，使他们通过在职业余学习、进修或短期脱产学习，或者到有关院校深造，系统地学习有关理论知识和专业知识，从而改进他们在就业指导工作上的不足。还要建立切实可行的管理评价体系，这是加强就业指导队伍专业化、职业化、专家化建设的重要条件。因此，必须在就业指导人员岗位职责范围内，根据就业指导人员自身特点，加强对就业指导人员的管理，对他们履行职责提出严格的要求。

（三）指导高校毕业生转变就业观念

1. 应指导高校毕业生正确把握就业方向

大学生就业从国家包分配走向双向选择以至自主择业，出现这样的就业形势是必然的。当前，我国社会主义市场经济体制还不完善，人才资源使用效率不高，人才资源的配置还不合理，大学毕业生要正确认识到，目前的就业压力是就业体制过渡时期特殊阶段的矛盾冲突，大学生的显性过剩并非人才资源的真正过剩，只是在人才资源配置上还有一些矛盾没有得到解决。随着社会的发展，人才资源的配置将会日趋合理，大学生的就业前景也会有所改观，其原因如下。

第一，党和国家对大学生就业高度重视。党和国家根据不同的就业形势，每年都制定出台相应的就业政策和措施，为引导、协调、安排大学生就业提供了有力保障。同时，随着社会的迅猛进步，多种经济成分的共同发展，社会对人才的需求量越来越大。非公有制企业、乡镇企业、广大基层和欠发达地区更为大学生提供了施展才华的广阔用武之地。

第二，应该看到，当前存在的大学生就业难并不是大学生的过剩。相反，由于我国人口基数大，大学生所占的比例极为有限，目前，我国每万人中大学生的数量还远远低于世界平均水平。

第三，大学生就业市场的饱和是一种假象。这种假饱和是人才资源配置与人才需求矛盾调和的特殊表现形式。无论是行政、企事业单位，还是其他社会各部门，在人才资源配置上都要遵循连续、合理、有效的原则。但目前相当一部分单位存在人员老化、文化素质偏低、办事效率不高的问题；也有一部分单位人员青黄不接，出现断层，合适的人进不来，不合适的人出不去。也就是说，一部分单位人员的饱和只是一种假象，这种假饱和最终必定会被良性的人才配置关系所替代，低年龄、高素质的大学生在这种配置关系中占据着明显的优势。

2. 指导高校毕业生转变就业观念

大学生就业由计划走向市场，有一个渐进性、阶段性的演变过程。就业制度的变化需要大学生主动适应，放开眼界，转变观念，勇敢应对社会的选择。为此，大学生也应转变以下就业观念。

第一，改变一次就业的观念。随着社会对人才要求的变化，人才资源总是在不断地交换和流动中得到优化配置。用人制度的改革和人才市场的建立，必将使失业和就业成为今后大学生一生中经常遇到的事情。因此，每个大学生在一生中，都要有多次就业的思想准备。

第二，改变一步到位的观念。大学毕业生择业不可能一步就能找到合适的单位，即使是找到了合适的单位，也不见得就能找到合适的岗位。所以要树立就业逐步到位的观念，不断努力，积极上进，在反复的工作经历和多次的工作更替中，充分施展自己的才华，实现自己的人生抱负。

第三，看淡单位的所有制性质。从目前我国的就业环境来看，国有单位并不是唯一的就业渠道，多种所有制经济共同发展为大学生择业提供了广阔的天地。私营企业、民营企业、合资企业进一步发展，其灵活的用人机制将会吸纳更多的毕业生就业。

第四，改变对户口、档案看得过重的观念。随着我国市场经济的发展，一次就业定终身的用人办法将会被彻底改变，合同用工、招聘将会成为大学生就业的方向，劳动力市场的开放和人才流动也将为就业提供新机遇，过于看重档案、户口就等于限制了自己的就业范围，减少了施展才华的机会。

参 考 文 献

[1] 冯世勇. 时代背景下的大学生思想政治工作与科学管理研究 [M]. 北京：中国政法大学出版社，2011.

[2] 龙希利. 大学生社团管理机制创新与实践探索 [M]. 济南：山东人民出版社，2014.

[3] 叶宁. 大学生自我管理能力影响机制评价 [M]. 北京：知识产权出版社，2015.

[4] 史庆伟. 大学生思想政治教育管理与实践研究 [M]. 天津：天津教育出版社，2015.

[5] 姬承东，谭君，舒必超. 校企一体化与大学生教育 [M]. 北京：光明日报出版社，2016.

[6] 文薪燚. 新时期大学生创业准备与创业团队管理专题研究 [M]. 北京：中国商业出版社，2017.

[7] 马洪奎，张书玉，薛莉华. 探索与实践：大学生思想政治教育与管理工作研究 [M]. 成都：西南交通大学出版社，2017.

[8] 王艳. 高等教育管理与大学生心理健康教育 [M]. 成都：电子科技大学出版社，2017.

[9] 谢建立. 新形势下大学生教育管理的内容体系研究 [M]. 北京：中国水利水电出版社，2017.

[10] 刘明亮. 高等教育管理与大学生创新能力培养研究 [M]. 北京：科学技术文献出版社，2017.

[11] 邵帅. 新生代大学生的心理行为特点及教育管理对策研究 [M]. 北京：北京工业大学出版社，2018.

［12］ 胡睿. 新时代大学生管理工作的探索与实践路径［M］. 北京：中国水利水电出版社，2019.

［13］ 白芳. 学生本位视角下大学生教育管理与实践探索［M］. 北京：中国水利水电出版社，2019.

［14］ 张景亮. 大学生创新创业管理与人才培养模式研究［M］. 长春：吉林科学技术出版社，2019.

［15］ 王颢翔. 高职院校学生管理育人工作创新思考［J］. 就业与保障，2020（12）：33-34.

［16］ 胡颖蔓，欧彦麟. 高职院校学生管理工作中的思想政治教育问题探讨［J］. 教育教学论坛，2020（26）：115-116.

［17］ 崔学营，贾宁宁. 论以人为本思想的高职院校学生管理工作［J］. 科学咨询（教育科研），2020（06）：153.

［18］ 胡莹. 大数据与大学生教育管理创新研究［J］. 创新创业理论研究与实践，2020，3（10）：163-164.

［19］ 刘建国. 高职院校学生管理中的思想政治教育策略探析［J］. 创新创业理论研究与实践，2020，3（09）：162-163.

［20］ 马旭. 思想政治教育在高职学生管理工作中的应用研究［J］. 品位·经典，2020（04）：55-56.

［21］ 孙蒙蒙. 制度化与人性化融合发展视角下学生管理机制的探讨［J］. 国际公关，2020（03）：196.

［22］ 郝丽青. 当前形势下高校教育管理的现状与创新机制研究［J］. 智库时代，2020（10）：111-112.

［23］ 林水旺. 高校思想政治教育融入学生管理工作研究［J］. 淮南职业技术学院学报，2020，20（01）：26-27.